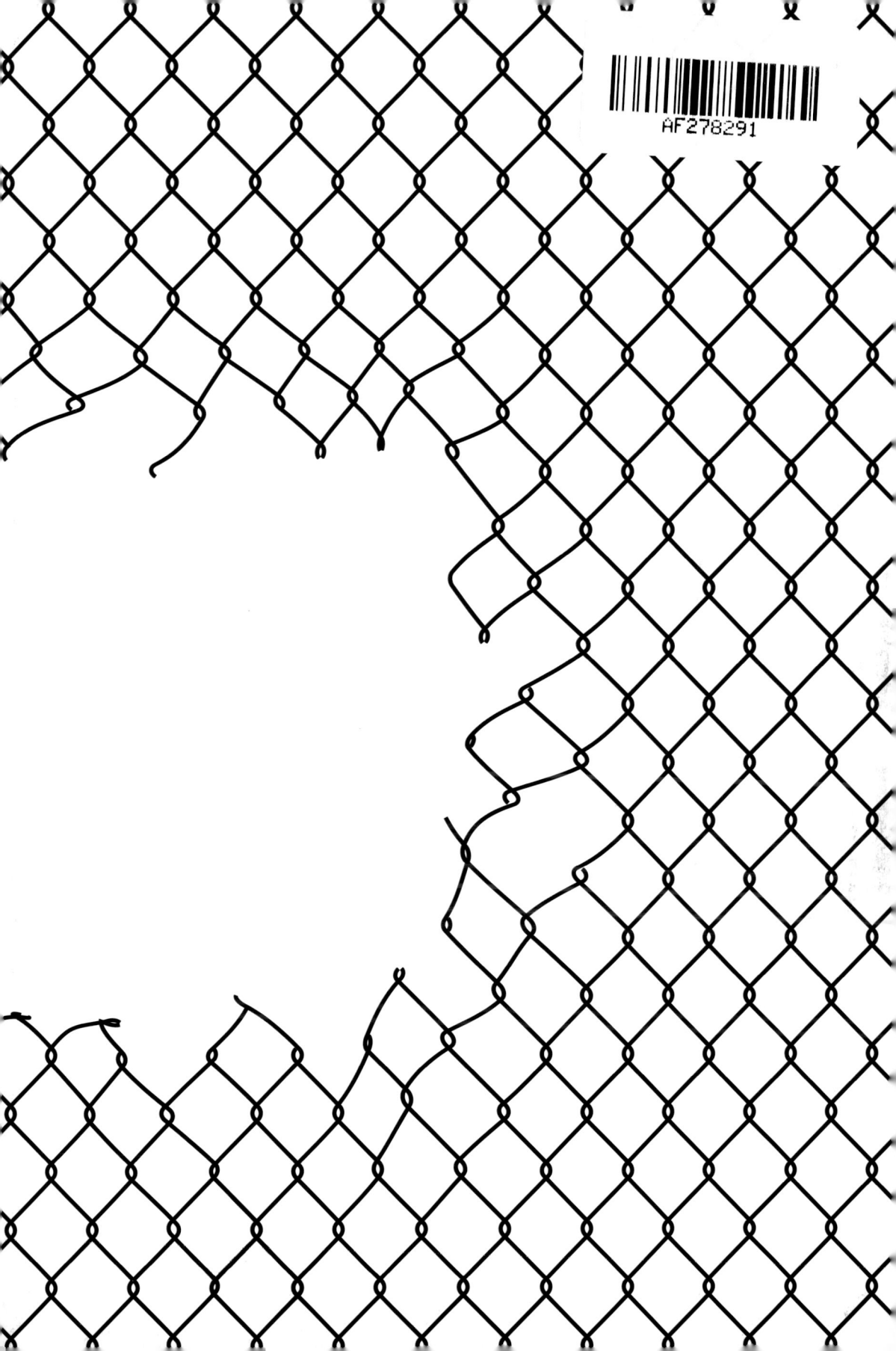

AF278291

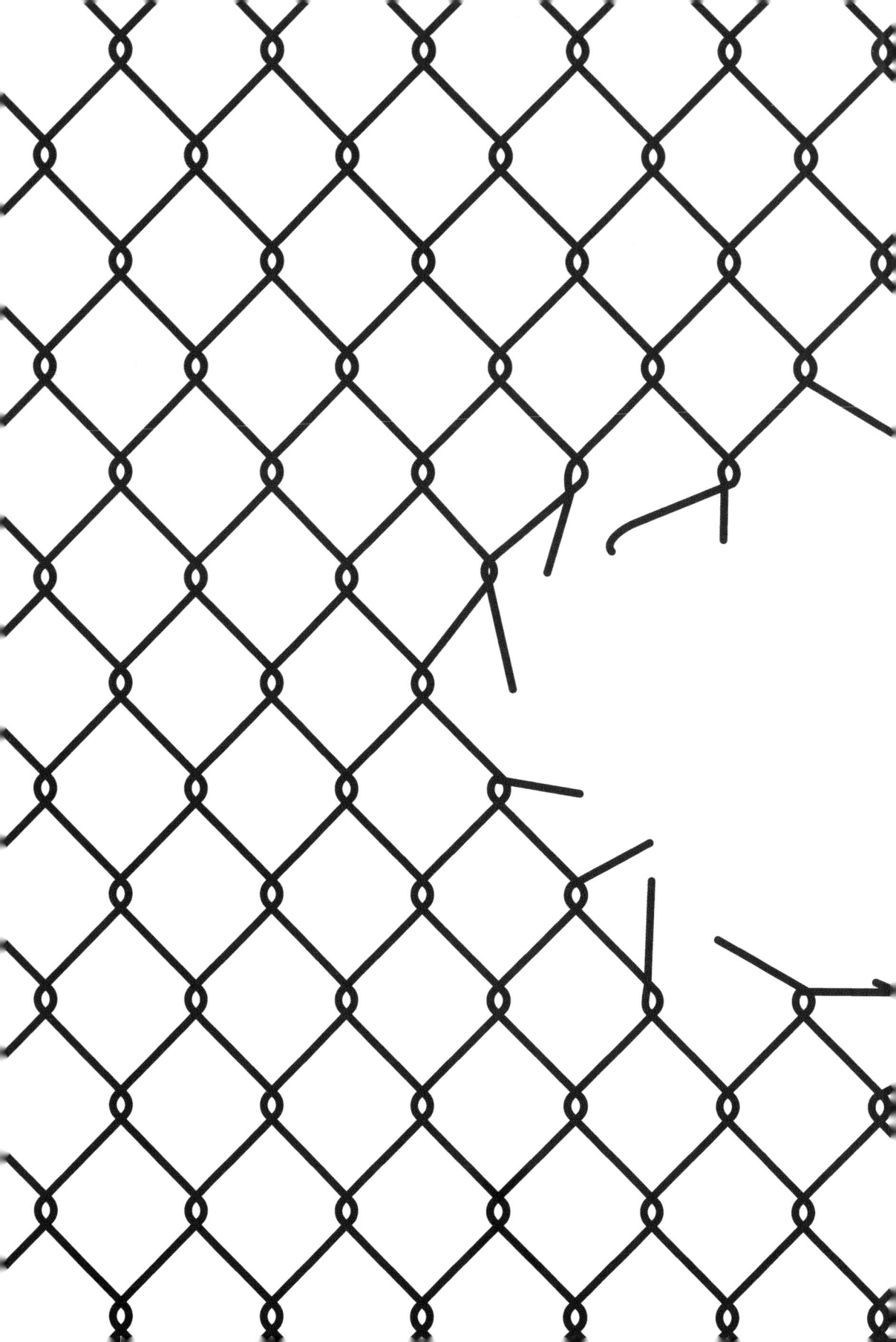

FUGAS INCREÍBLES

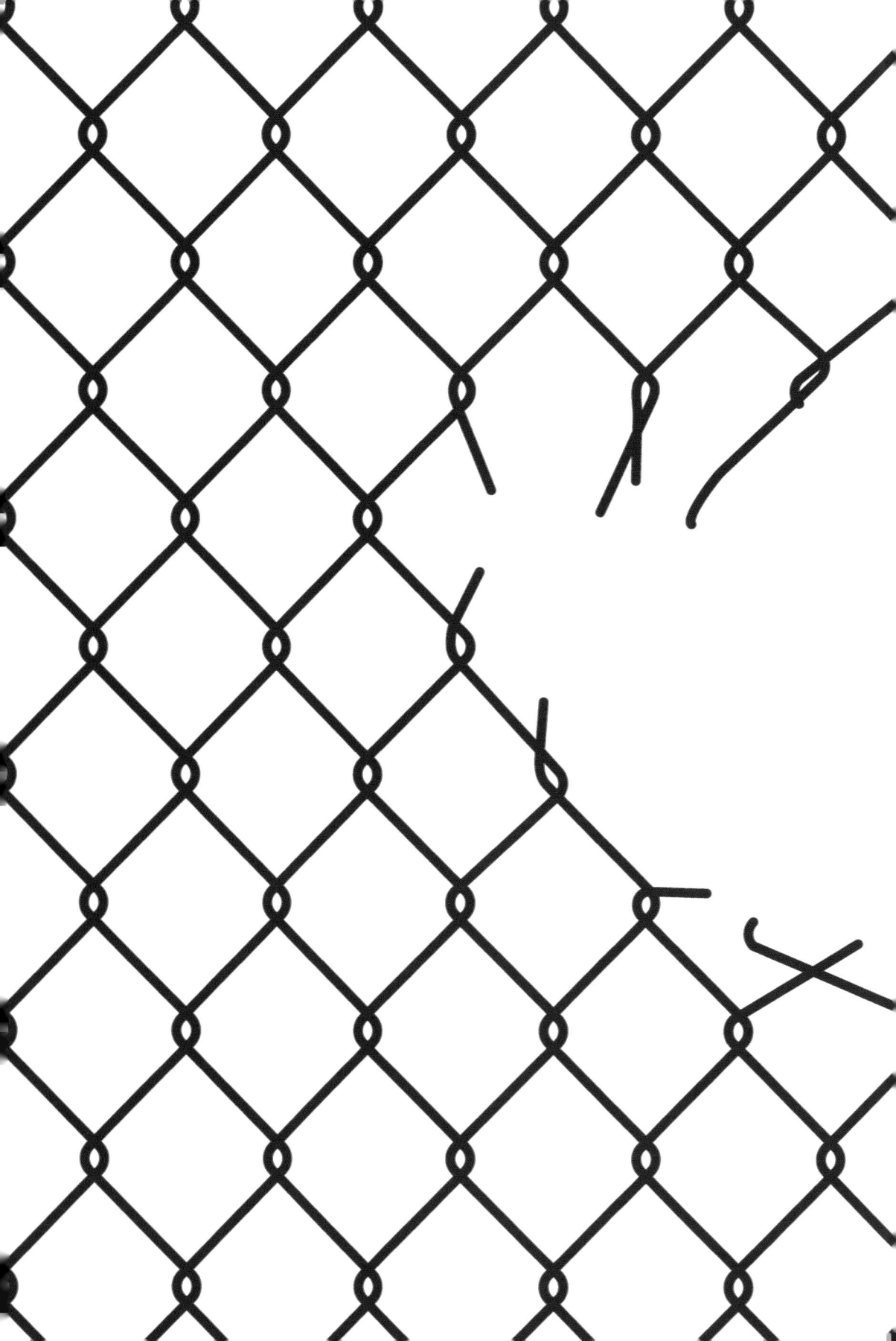

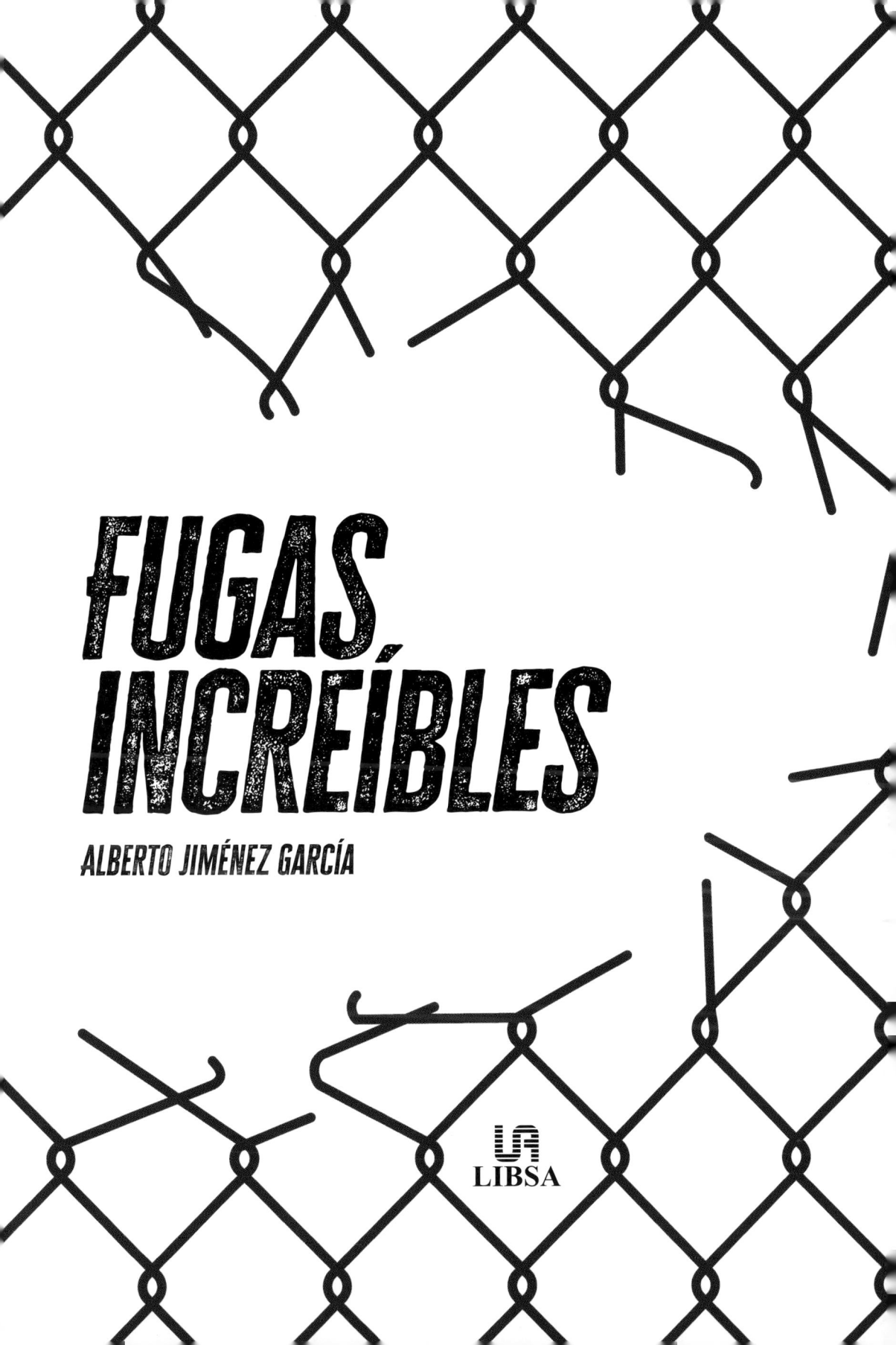

FUGAS INCREÍBLES

ALBERTO JIMÉNEZ GARCÍA

LIBSA

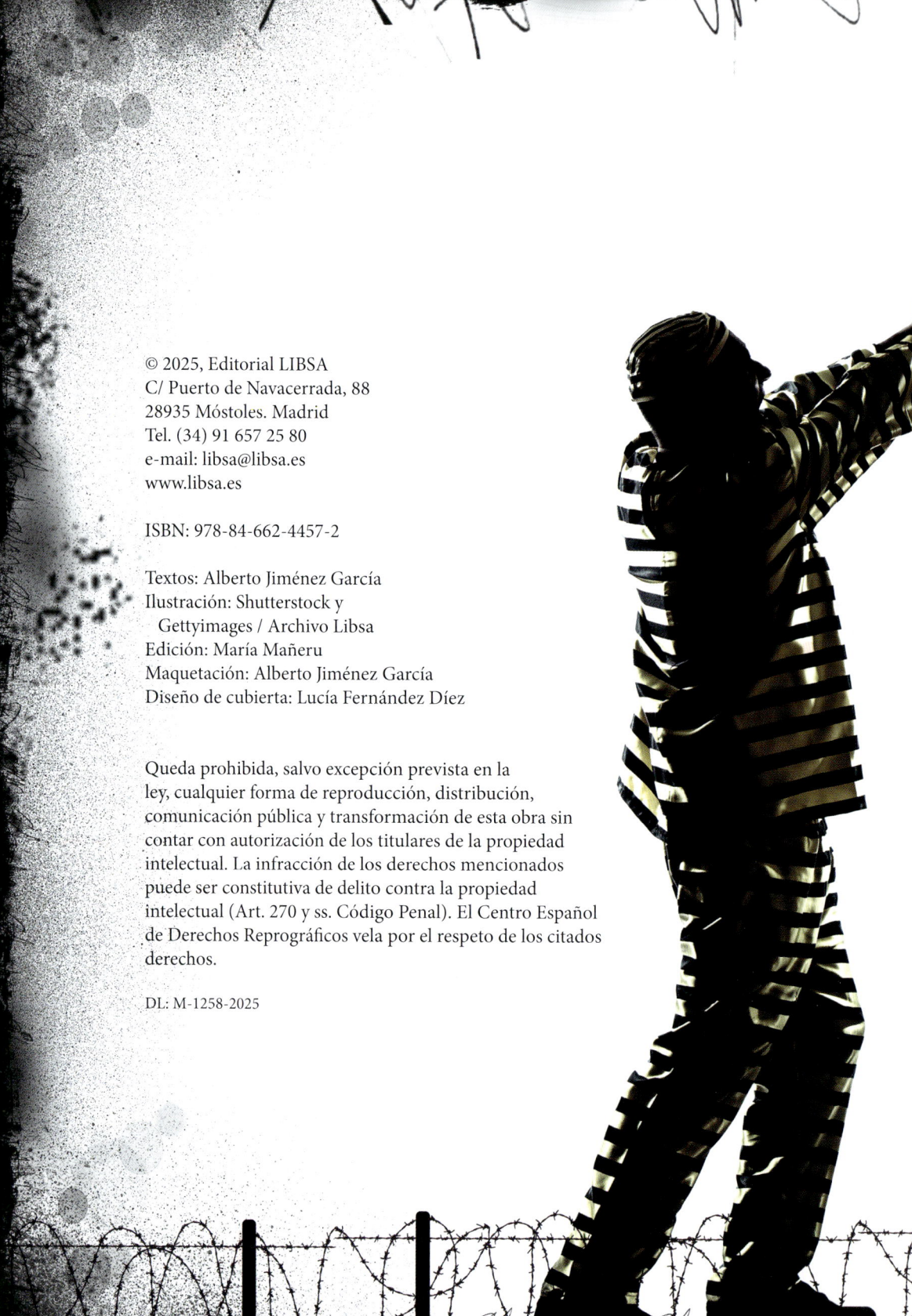

© 2025, Editorial LIBSA
C/ Puerto de Navacerrada, 88
28935 Móstoles. Madrid
Tel. (34) 91 657 25 80
e-mail: libsa@libsa.es
www.libsa.es

ISBN: 978-84-662-4457-2

Textos: Alberto Jiménez García
Ilustración: Shutterstock y
    Gettyimages / Archivo Libsa
Edición: María Mañeru
Maquetación: Alberto Jiménez García
Diseño de cubierta: Lucía Fernández Díez

DL: M-1258-2025

CONTENIDO

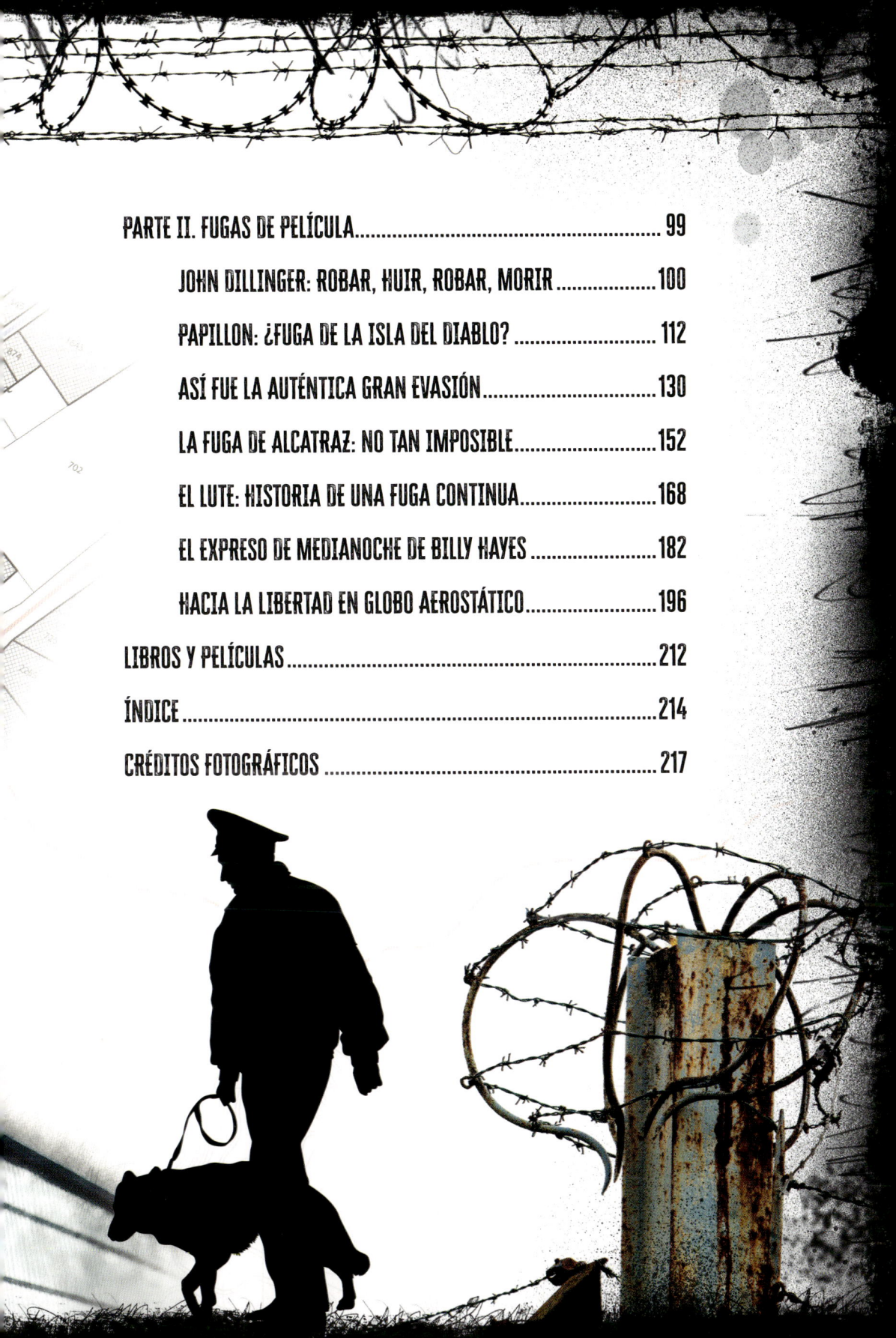

PRESENTACIÓN

DEBÍAN QUEDARSE QUIETOS, pero no lo hicieron. Alguien los confinó en un lugar: una celda, un campo de concentración, incluso un país. Ellos, los recluidos, decidieron que se les quedaba pequeño. Las razones de su reclusión varían. Si se siente injusta, los motivos para el escape engrosan como una sanguijuela, se empoderan. «Yo no cometí ese crimen, quiero escapar porque no debería estar aquí. Aunque me cueste la vida; porque esto no es vida». Tampoco hace falta ser inocente. Puedes haber cometido un crimen, cumplir justa condena y desear escapar. «Quebranté la ley, sí, y volveré a hacerlo. Lo mío es caminar por el lado oscuro de la vida». Luego están quienes no han cometido delito alguno, ni se los acusa de nada. ¿Entonces? Entonces la vida, la historia, el *zeitgeist*, los han colocado en un lugar que nunca desearon ocupar. Pueden tener un país entero por el que moverse, pero sienten que ese país les falló, ya no es el suyo. Quieren salir. El país, en cambio, no quiere que salgan.

De todo encontraremos en los 12 casos que habitan en este libro. De aquí no escapan, es una de las virtudes de la tinta, tan analógica, tan sedentaria, tan de confianza. La primera parte de este volumen es **FUGAS HISTÓRICAS**, centrada en escapes previos al siglo XX.

Empezamos en pleno Renacimiento con CÉSAR BORGIA, el ambicioso y talentoso hijo del papa Alejandro VI, que escapó del castillo de la Mota, donde estaba recluido, bajo el patrocinio de Fernando, el Rey Católico. Seguiremos con GIACOMO CASANOVA: sí, el amante por antonomasia, el inevitable donjuán del siglo XVIII. Sus conquistas, su vida disoluta, lo condujeron a la cárcel en Venecia. Pero él era un libertino hasta las últimas consecuencias. Que la prisión se llamase Los Plomos no supuso inconveniente alguno para él.

Por supuesto, hay sangre azul en estás páginas. Los poderosos también lloran, temen y huyen. Hablamos, nada menos, que de LUIS XVI, que escapó de París de noche como el más vulgar de los plebeyos. Su detención en Varennes le hizo un gran favor a la futura República francesa; y uno no tan grande a su cuello. No muy lejos en lo geográfico y en lo temporal se sitúa la huida de NAPOLEÓN BONAPARTE de la isla de Elba. Una fuga de lo más singular, en realidad un regreso a París a lo grande: su canto del cisne, hasta que en Waterloo encontró la horma de su zapato. Y si alguien siente que nos estamos poniendo muy del lado de los poderosos, haremos contrapeso con la historia de HENRY BOX BROWN, un esclavo en la Norteamérica sudista, fiel reflejo de cómo trataban a los negros en Estados Unidos en pleno siglo XIX. Él supo escapar –¡y cómo!– de aquel infierno: ¡enviándose a sí mismo en una caja de correos!

En la segunda parte ponemos el foco en fugas más cercanas en el tiempo, aquellas que alumbró el siglo XX y que el Séptimo Arte acuñó: **FUGAS DE PELÍCULA**. Comenzamos con un icono criminal y cultural (curiosa mezcla) estadounidense: JOHN DILLINGER. Durante unos meses *rabiosos*, fue considerado el enemigo público número 1 del país, bien por sus exitosos robos a bancos, bien por sus escapes carcelarios, uno de ellos ejecutado, supuestamente, a punta de pistola... de madera. Otro clásico de las fugas muy reconocible, que triunfó tanto en librerías como en cines y, sobre todo, en la vida real, es HENRI CHARRIÈRE, alias PAPILLON. Un maleante culto y lenguaraz que cautivó al mundo con la historia de sus fugas en la Guayana Francesa. Su biógrafo nos cuenta aquí el lado más humano y tierno del personaje. No le va a la zaga en popularidad LA GRAN EVASIÓN, convertida acaso en la película de fugas más memorable de la historia, que casi oculta el hecho de que fue un escape real –y muy costoso en vidas– de prisioneros aliados durante la Segunda Guerra Mundial, en el campo de prisioneros de guerra nazi de Stalag Luft III, en Polonia.

Si hablamos de prisiones con nombre propio, la más universal, la más icónica, quizá sea la de ALCATRAZ, ese pequeño islote en mitad de la bahía de San Francisco. Un lugar que se ganó fama de impenetrable y, a la inversa, de imposible escape. Pues con un poco –con mucho– de arrojo e imaginación, tres prisioneros lograron huir de ella en 1962... Aunque no sabemos bien si con vida, un detalle de importancia. También en la década de 1960 fue la primera fuga carcelaria de ELEUTERIO SÁNCHEZ, alias EL LUTE; aunque, en realidad, en ese caso se lanzó desde un tren en marcha, cuando lo trasladaban a otra prisión. Aquí conoceremos la sorprendente vida de un quinquillero que pasó de enemigo público número uno del franquismo español a escritor, abogado y figura mediática.

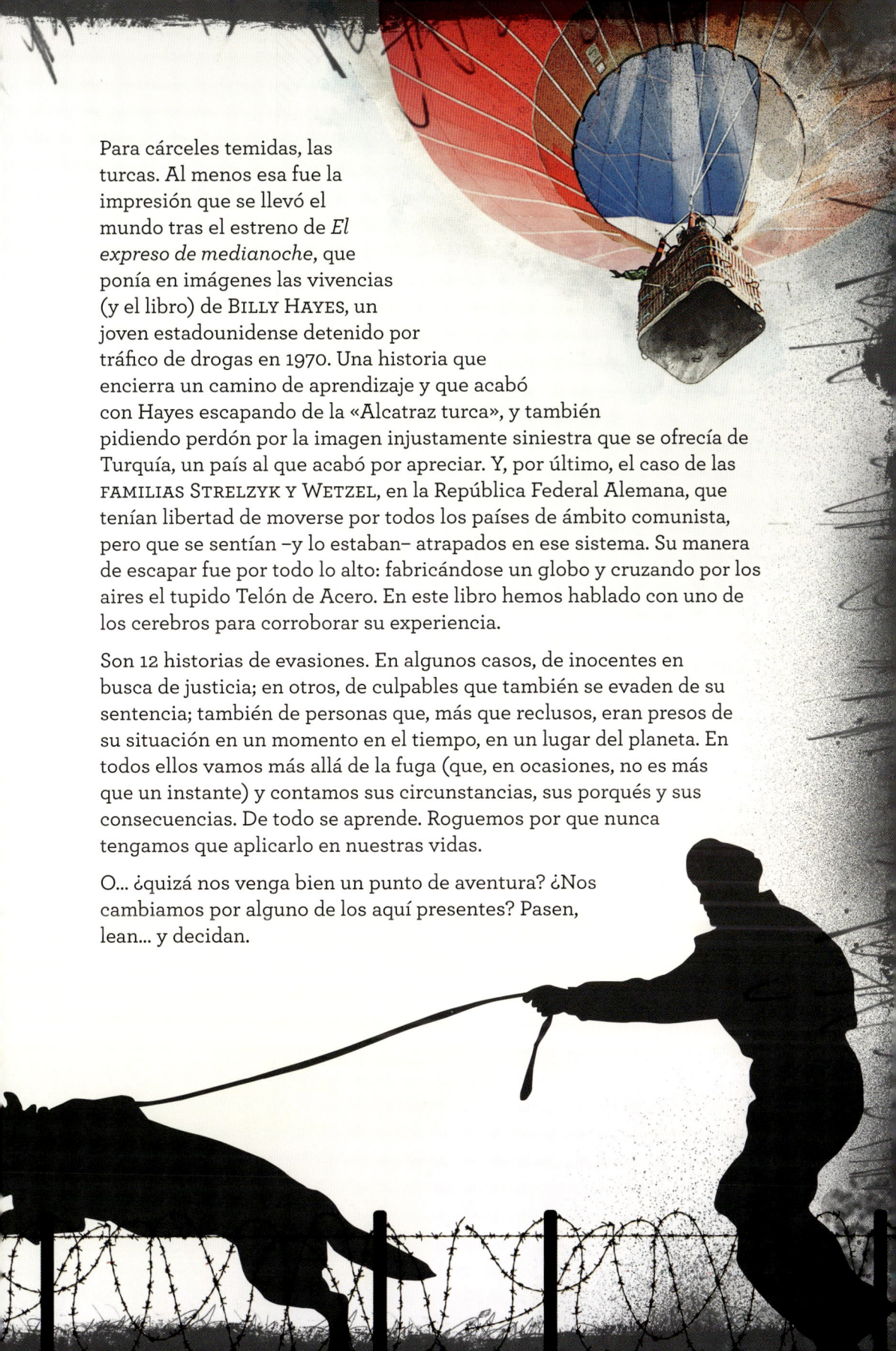

Para cárceles temidas, las turcas. Al menos esa fue la impresión que se llevó el mundo tras el estreno de *El expreso de medianoche*, que ponía en imágenes las vivencias (y el libro) de BILLY HAYES, un joven estadounidense detenido por tráfico de drogas en 1970. Una historia que encierra un camino de aprendizaje y que acabó con Hayes escapando de la «Alcatraz turca», y también pidiendo perdón por la imagen injustamente siniestra que se ofrecía de Turquía, un país al que acabó por apreciar. Y, por último, el caso de las FAMILIAS STRELZYK Y WETZEL, en la República Federal Alemana, que tenían libertad de moverse por todos los países de ámbito comunista, pero que se sentían –y lo estaban– atrapados en ese sistema. Su manera de escapar fue por todo lo alto: fabricándose un globo y cruzando por los aires el tupido Telón de Acero. En este libro hemos hablado con uno de los cerebros para corroborar su experiencia.

Son 12 historias de evasiones. En algunos casos, de inocentes en busca de justicia; en otros, de culpables que también se evaden de su sentencia; también de personas que, más que reclusos, eran presos de su situación en un momento en el tiempo, en un lugar del planeta. En todos ellos vamos más allá de la fuga (que, en ocasiones, no es más que un instante) y contamos sus circunstancias, sus porqués y sus consecuencias. De todo se aprende. Roguemos por que nunca tengamos que aplicarlo en nuestras vidas.

O... ¿quizá nos venga bien un punto de aventura? ¿Nos cambiamos por alguno de los aquí presentes? Pasen, lean... y decidan.

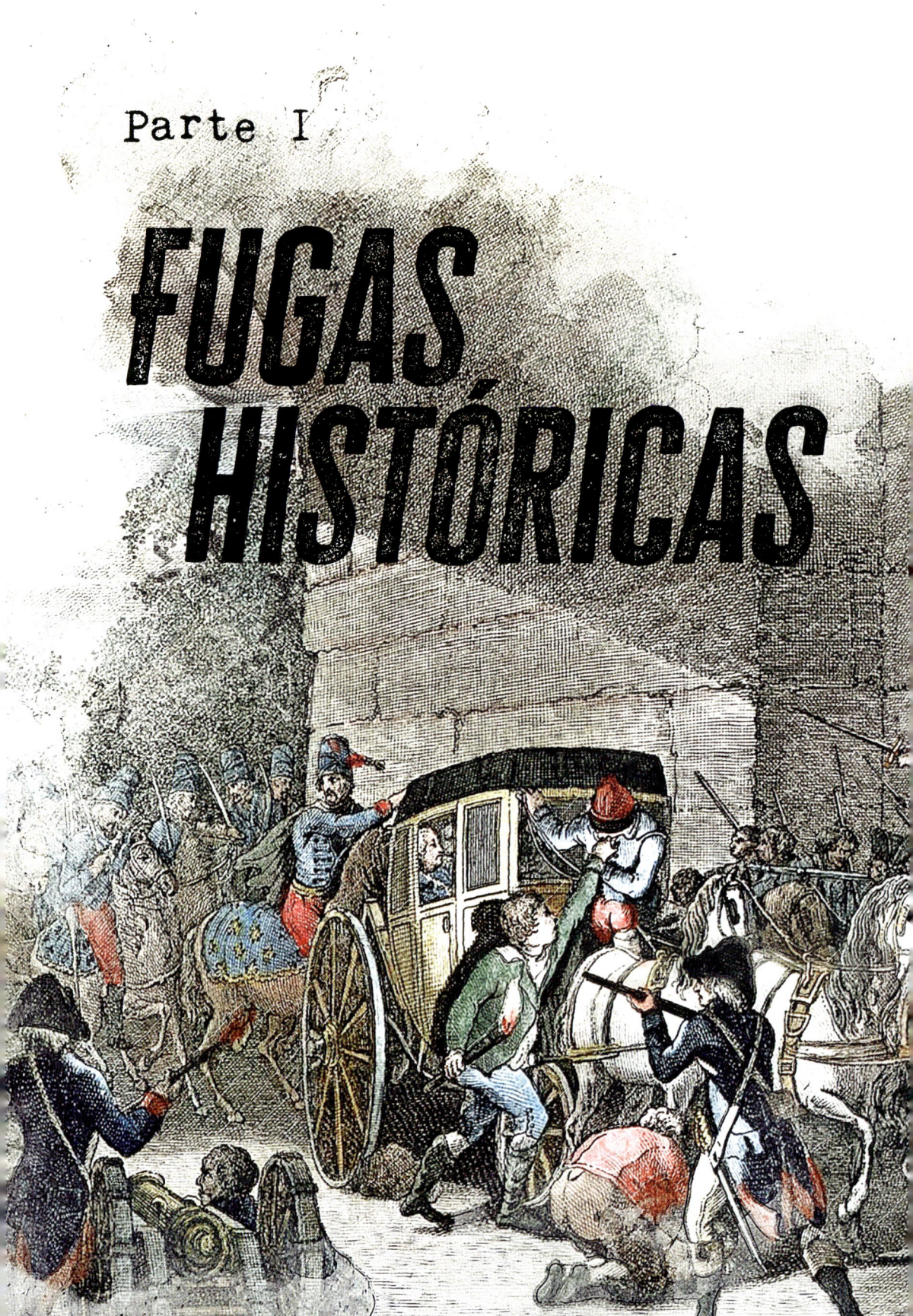

Parte I

FUGAS HISTÓRICAS

ES DIFÍCIL DOCUMENTARSE SOBRE UNA FUGA ACAECIDA HACE SIGLOS. SIN EMBARGO, EXISTEN CASOS EN LOS QUE, DEBIDO AL PESO HISTÓRICO DEL PERSONAJE, SE GUARDAN DATOS Y COMENTARIOS AL RESPECTO. ES EL CASO DE LOS FUGADOS QUE AQUÍ ENCONTRAMOS: DUQUES, ARISTÓCRATAS, REYES, EMPERADORES... NADIE ESTÁ A SALVO DE TENER QUE PASAR POR UNA BUENA AVENTURA PARA SALVAR SU PELLEJO.

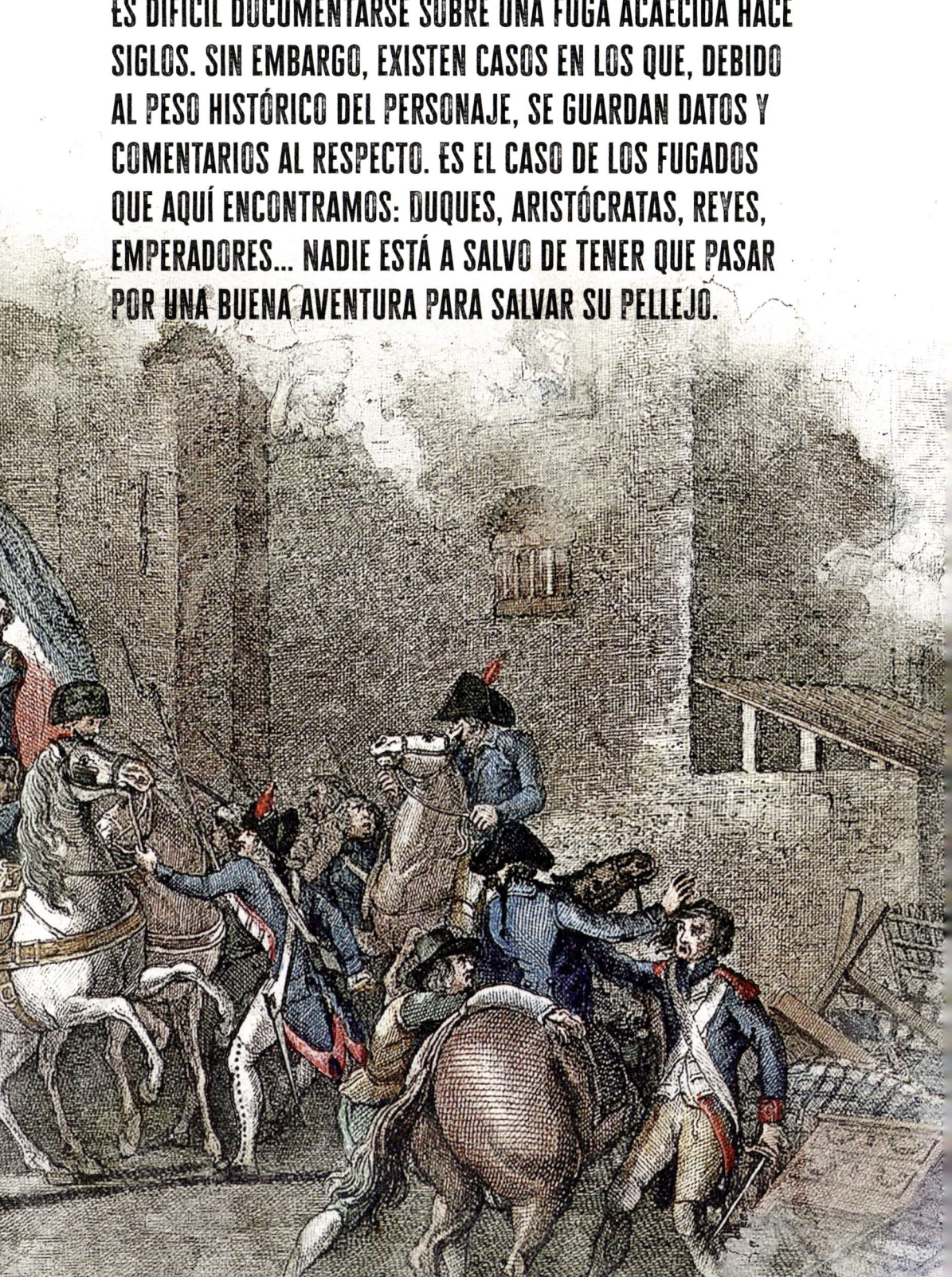

CÉSAR BORGIA ESCAPA DEL CASTILLO DE LA MOTA

EL ÚLTIMO ESCAPE DE UN ESCAPISTA

El hombre de moda de finales del siglo XV y principios del XVI era un romano de orígenes españoles. Un *influencer* lo llamarían hoy, capaz de suscitar la atención de propios y extraños. En su vida fue apresado varias veces y siempre intentó escapar. Pero, también, ese mismo arrojo acabó por costarle la vida.

Medina del Campo, Castilla y León, España.
--------------->
Octubre de 1506
<---------------
César Borgia y un criado.
--------------->
Vigilando: la guardia del castillo de la Mota.
<---------------
Borgia cuenta con la ayuda de los enemigos del rey Fernando el Católico.

Castillo de La Mota, en Medina del Campo, construido entre los siglos XIV y XV con el característico ladrillo rojizo propio de la zona.

Su DIVISA LO afirma bien claro: «O César o nada». O salir victorioso en cualquier lance, o morir. César Borgia no es un hombre que sepa permanecer encerrado, esperando su destino. Eso es para otros: él *crea* su destino. Estamos en octubre de 1506 y él se encuentra, efectivamente, preso en el castillo de La Mota, en Medina del Campo, no muy lejos de Valladolid. Es una especie de *incómodo invitado*, algo parecido a un prisionero político en manos del papa y de los Reyes Católicos, que no se han atrevido a ajusticiarlo dado su gran prestigio, pero tampoco pueden dejarlo suelto, pues es un líder militar peligroso, con potencial desestabilizador. Él sabe que pueden dejarlo allí preso durante décadas, o que, cualquier día, un veneno escondido acabe con él. Por eso, ahora, cuando se descuelga temerariamente desde la torre del homenaje del castillo, no mira atrás. El vértigo, si lo tiene, se lo traga y sigue bajando.

UNA FAMILIA PODEROSA

César Borgia nace en 1475, hijo de Rodrigo Borgia, por entonces cardenal-obispo de Albano y Porto-Santa Rufina. Nos ahorramos lo de *ilegítimo*, porque por entonces no se escondía –no sabemos si ahora sí– que los altos cargos de la Iglesia tuvieran sus amantes y descendientes, a los que se llamaban, condescendientemente, *nepotes* («sobrinos»). Con el tiempo (el 11 de agosto de 1492, para ser exactos), Rodrigo subió al trono papal como Alejandro VI (su tío Alfonso fue el papa Calixto III, unos pocos años antes). Desde luego, el joven César tiene claro desde joven que lo suyo es estar en primera fila. Lo nombran obispo de Pamplona con... ¡16 años! Tres años después será arzobispo de Valencia y cardenal a los 20 años de edad.

Es lo que se podía esperar al ser el segundo hijo de la relación de su padre con Vannozza Cattanei (tuvo otros antes de madre desconocida). El segundón se destina a las labores eclesiásticas, mientras que el primogénito se dedica a cuestiones militares. Una pena para César, porque lleva el ardor guerrero en la sangre, pero es su hermano mayor Juan, sin duda menos dotado que él para la guerra, quien toma el cargo de capitán general del Ejército Pontificio. Alto, fuerte, pelirrojo, atractivo, lo de César es la acción, así que no dejará de mirar de soslayo a su hermano: una mirada no exenta de envidia, como la de quien le desea algún mal al prójimo.

Y, misterios tiene la Iglesia, hete aquí que en 1497, su hermano Juan resulta asesinado tras comer con César y otras personas más. Su cadáver, degollado y con nueve heridas de arma blanca, lo encuentran a las orillas del Tíber, el río que cruza Roma. Este asesinato se alzará desde entonces como uno de los grandes magnicidios de la historia sin resolver. Pero, para los defensores de la clásica tesis del *Cui bono* («¿quién se beneficia?»), quien más rédito saca de esta baja es el propio César. Hay otros candidatos (como la familia Sforza), pero la rama valenciana de la familia

> 66 El lema que eligió César Borgia hacía referencia a su principal motivación: lograr victorias para Roma (y para su familia) y que resultasen dignas de la memoria de un César. 99

Grabado de César Borgia en edad juvenil, de A. André (c. 1845), según un dibujo de Achille Devéria, en el que se puede leer su divisa *Aut Caesar aut nihil*. En la página izquierda, *Retrato de Alejandro VI*, atribuido a Pedro Berruguete (c. 1495), retoque digital.

O César o nada

La célebre divisa de César Borgia hundía sus raíces siglos atrás, en un conocido capítulo de la historia. El 10 de enero del año 49 a.C. Julio César comanda sus legiones hasta el pie del río Rubicón, que separa la Galia Cisalpina, provincia a su cargo, y Roma. Y, como sabemos, lo cruza, en una decisión sin marcha atrás. El Senado lo declara enemigo público y se desata una guerra civil contra Pompeyo. Pero, antes de dar este paso trascendental, había hablado con sus hombres: les advirtió que no estaban obligados a hacerlo junto a él. Pero, si juntos daban el paso, juntos deberían afrontar las consecuencias. Sus soldados, fieles seguidores, exclamaron: «¡O César o nada!» (según el historiador Suetonio, lo que pronunció fue *Alea jacta est!*, «la suerte está echada»). Desde entonces, «cruzar el Rubicón» es una expresión que denota la toma de una decisión de gran calado e irreversible. Borgia hizo crear lienzos con este lema para rendir homenaje a sus triunfos y conquistas.

Julio César cruza el Rubicón (1854), de Gustave Boulanger.

señala al mismísimo César. Como fuere: a los pocos meses, y sin esperar a las conclusiones sobre el crimen –que resultarían en nada–, el papa Alejandro VI lo nombra capitán general de la Iglesia, tal y como siempre quiso. César será entonces la primera persona conocida en la historia en renunciar a la púrpura cardenalicia. Nada hay como encontrar tu camino.

LA FAMA DE CÉSAR

Ungido de poder militar, César no tarda en salir a guerrear en favor de los intereses de su padre, que son los de imponer a los estados de la Romaña el vasallaje al Vaticano, para lo cual se alía con Francia. El mismo César se casa con Carlota de Albret, lo que le confiere el título de duque de Valentinois. Guerreará por toda Italia –entonces, una sucesión de reinos, ducados y ciudades-estado– dando buena cuenta de su valía estratégica. Si te enfrentas a las tropas de Borgia, lo normal es que pierdas.

Ese tiempo, a caballo entre el siglo XV y el XVI, es el de máximo esplendor de César. Es la imagen del triunfador: joven, guapo y rico,

Retrato de gentilhombre (c. 1515-1520), de Altobello Melone. Se cree que el retratado es César Borgia.

porque en lo económico va amasando una fortuna, que lo lleva a promocionar –junto a otros miembros de su familia– a artistas como Miguel Ángel, Pinturicchio, el Bosco o Tiziano. Más relación aún tuvo con Leonardo da Vinci, ya que tras conquistar Milán –donde el sabio trabajaba para la corte de los Sforza– cae rendido ante la sabiduría del toscano y lo nombra «capitán e ingeniero general». Leonardo diseña para él numerosas armas de guerra, de las que deja constancia en numerosos dibujos.

Asimismo, la fama de César le sirve para figurar, como modelo de dirigente, en el célebre libro de Tomás de Maquiavelo *El príncipe* (1513). Lo sitúa como ejemplo de dirigente al que le llega el poder por fortuna o herencia, pero que supo sacudirse ese legado para valerse por sí mismo y conspirar para mantener y acrecentar su poder, ordenando ejecuciones llegado el caso.

ÉPOCA DE HUIDAS

Pero no es obligatorio que la fortuna sonría siempre a los audaces. El destino conserva para César una serie de reveses. El 5 de agosto de 1503, acude a un convite del cardenal Adriano da Corneto junto con su padre. Una semana después, ambos enferman. De malaria, se dice –la había entonces en Roma–; ¿o es un veneno? No se sabe, pero unos días después, su padre muere. César consigue que se elija a un hombre de su confianza, Pío III; pero este muere en apenas cuatro semanas y el siguiente papa será Julio II (Giuliano della Rovere), quien ya no ve con buenos ojos el poder acumulado por los Borgia. Este, un hombre austero y de carácter fuerte, poco versado en la diplomacia, arrebata a Borgia el gobierno de Romaña y ordena su arresto y encarcelamiento en Roma. Desde luego, las reglas del juego han cambiado.

Lo de las fugas no es nada nuevo para César. Antes, en 1495, había sido apresado por el rey galo Carlos VIII tras la invasión de Nápoles por parte del ejército francés. Escapó poco después. Ahora, para su liberación, lo consigue entregando al papa las ciudades de Forlì, Cesena y Bertinoro. Huye hacia el sur, a Nápoles, donde entra en contacto con la Corona española, a quien desea servir. Es nada menos que Gonzalo Fernández de Córdoba (alias «el Gran Capitán» y virrey de Nápoles) con quien se entrevista, el factótum de los Reyes Católicos.

Pero, ¡ay! Ya decíamos que, con Julio II, las cosas van a ir de mal en peor para los Borgia. Este presiona para que España ponga a buen recaudo a César y, en efecto, De Córdoba lo encierra en Castel Nuovo (el castillo medieval Maschio Angioino), desde donde lo lleva, preso en una galera, hasta Cartagena, en tierras españolas. De allí, al castillo de Chinchilla, su primera prisión en la península ibérica, hacia 1504.

No tardará mucho Borgia en mostrar su carácter indómito en la tierra de sus antepasados. Con el boato que le confiere su nombre, solicita subir a lo más alto de la torre del homenaje –hoy, desaparecida– junto con el alcaide Gabriel Guzmán. Concedida la gracia, admiran juntos el extenso paisaje que contemplan. Llegado un momento, César agarra al alcaide y lo intenta lanzar al vacío. Sin embargo, este, fornido y de buenos reflejos; logra sujetarse a las almenas, poner pie en tierra y derribar a Borgia. A este no le queda otra sino argüir que todo es «una broma», para probar si era cierta su fama de hombre resuelto. Nadie le creerá, evidentemente. Es el propio rey Felipe II quien dará cuenta de la anécdota en su obra *Relaciones topográficas de los pueblos del Reino de Murcia (1575-1579)*.

Una de las entradas al castillo de Chinchilla.

El Gran Capitán recorriendo el campo de la batalla de Ceriñola (1835), de Federico de Madrazo y Kunt (retoque digital).

UNA FUGA TEMERARIA

Viendo la peligrosidad del preso, a quien no se le pone nada ni nadie por delante, el Gran Capitán decide trasladarlo a otro lugar más seguro... al menos, *a priori*. Elige un emplazamiento más lejos de Alicante y Valencia, la zona donde los Borgia –naturales de Játiva– conservan influencia y adeptos. Lo mejor será, piensa el estratega, llevarlo hasta el interior de la ancha Castilla. El castillo de La Mota, en Medina del Campo, espera al célebre romano.

Allí pasará varios meses, en apariencia, tranquilo. Su fama le garantiza varias comodidades, no es un preso al uso. Está vigilado, pero conserva cierta libertad de movimientos. La suficiente, al menos, para entablar conversaciones secretas con aristócratas castellanos. Uno de ellos es Rodrigo Alonso Pimentel, conde de Benavente, el cual era contrario al rey Fernando el católico. Con su ayuda desde fuera, y con las interiores del capellán y algunos criados, pergeñará un arriesgado plan de fuga.

El capellán le proporciona una cuerda, con la que se descuelga por la ventana con un criado a su servicio. Este va primero, pero al llegar a su extremo cae, rompiéndose las piernas. En este punto, las versiones empiezan a diferir. La opción mas extendida afirma que César desciende con las manos y brazos envueltos en trapos, para evitar quemaduras. Mientras desciende, las envolturas se desgastan y las cuerdas desgarran sus carnes. Hay ruido, los centinelas dan la voz de alarma, el alcaide llega hasta la habitación del insigne preso y corta la cuerda que pende desde ella cuando a Borgia aún le restan unos metros. Otras versiones dicen que, simplemente, la cuerda no es lo suficientemente larga. En cualquiera de ambos casos, malherido y sobreviviendo al golpe, consigue cruzar el foso, tras el cual le esperan tres ballesteros del conde de Benavente, quienes lo sacan de Medina.

Durante más de un mes llevará vendados manos y antebrazos, y aguardará a reponerse oculto por sus cómplices. Tras un difícil viaje llega al fin a Pamplona, una tierra amiga: su cuñado, Juan de Albret, es el rey de Navarra.

Vista de la torre del homenaje del castillo de La Mota, desde el patio interior.

EPÍLOGO

No es un retiro dorado para el doliente guerrero, no. A Juan III (esposo de la reina Catalina de Foix) le viene de perlas la incorporación de su cuñado. Es un momento delicado para los monarcas, en una sucesión de batallas por el poder entre ellos y el conde de Lerín, así que no dudan en nombrar a su «refuerzo estrella» capitán general de su ejército.

En marzo de 1507, César decide poner sitio a la ciudad de Viana, una posesión del conde de Lerín. La noche del 11 al 12 de marzo se desata una gran tormenta, por lo que César ordena el repliegue de los centinelas que vigilan los accesos a Viana. Esta oportunidad la aprovecha el conde de Lerín para auxiliar con víveres a sus seguidores, entre ellos su hijo, que defienden el castillo vianés.

Cuando se da cuenta de ello, César sale–impetuoso, como es él- a campo abierto para perseguir a los ayudantes del conde. Pero ese brío le juega una mala pasada: no se percata de que ha dejado atrás a su guardia y queda a merced de tres soldados enemigos, que le tienden una emboscada en el paraje de la Barranca Salada.

Aquí, el barro de la lluvia funciona casi como unas arenas movedizas que retardan cualquier movimiento. El trío acierta a derribar a Borgia con una certera lanzada en el costado descubierto. Lo rematan, ya indefenso, en el suelo y lo despojan de su armadura y ropas. Y aquí lo dejan, desnudo, solo con una piedra para ocultar sus vergüenzas.

Entierran su cuerpo en la iglesia de Santa María con grandes honores. En la actualidad, sus restos reposan en el exterior de la iglesia.

Como mito que ya es, han surgido varias hipótesis a lo largo de la historia para explicar su muerte. Unos señalan el error táctico inexplicable en alguien de tanta experiencia militar. Algunos dicen que César buscaba la muerte, agotado por la sífilis que lo consumía desde hacía tiempo. Otros creen que los suyos lo traicionaron.

Izquierda: exterior de la iglesia de Santa María, en Viana. Derecha: lápida que cubre la tumba de César Borgia, en el exterior de la iglesia.

CÉSAR BORGIA
GENERALÍSIMO DE LOS EJÉRCITOS
DE NAVARRA Y PONTIFICIOS
MUERTO EN CAMPOS DE VIANA
EL XI DE MARZO MDVII

GIACOMO CASANOVA NO AMA LA CÁRCEL

LA FUGA DEL HOMBRE MÁS LIBRE DEL SIGLO XVIII

A Giacomo Casanova no le salió gratis su vida licenciosa. Sus costumbres «disolutas» lo llevaron a la cárcel. Él no se sentía culpable: tan solo hacía lo que los demás, pero sin esconderse. Así que se vio legitimado para escaparse de la prisión de su querida Venecia, aunque eso le fuera a costar un largo exilio.

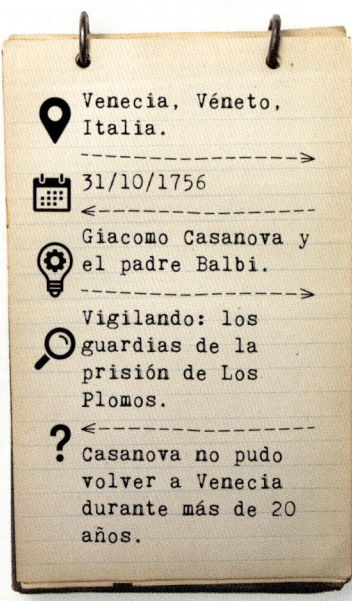

📍 Venecia, Véneto, Italia.

----------->

📅 31/10/1756

<-------------

💡 Giacomo Casanova y el padre Balbi.

------------->

🔍 Vigilando: los guardias de la prisión de Los Plomos.

<-------------

❓ Casanova no pudo volver a Venecia durante más de 20 años.

Sobre el tejado de plomo caliente –mitad como la gata de Tennessee Williams, mitad como *El caminante sobre el mar de nubes* de Caspar David Friedrich– de la prisión de Los Plomos, Giacomo Casanova contempla la belleza –aun de noche– imposible, aplastante, abigarrada de *horror vacui*, de Venecia. Corre el año 1756 –Mozart acaba de nacer, ya tendrán tiempo de conocerse, masones ellos– y con 31 años deberá reinventarse: como si eso fuera un problema para alguien que ha hecho del sobresalto una rutina. Ha sido su ciudad desde que nació, pero ahora, para conservar su libertad, debe irse lejos. No existe la paradoja: un paso más y será un prófugo de la justicia.

UN MITO HECHO HOMBRE

La historia ha decidido por Casanova: es el arquetipo del seductor, del libertino, no se hable más. La Real Academia Española ha incluido su nombre en el diccionario, con minúscula, un sustantivo como cualquier otro. Definición: *Hombre mujeriego*. Y pone en ejemplo: *Eduardo siempre fue un casanova*. Ofrece, asimismo, unos sinónimos: *donjuán, mujeriego,*

Vista actual del edificio donde estaba la cárcel de Los Plomos y del puente que cruza el río de Palacio.

tenorio, ligón, conquistador. Así es difícil librarse de esa etiqueta. Pero acaso él no tuviera remilgos en aceptarla, o en ignorarla y dejarla ir, y sean más preocupaciones nuestras, que somos más remilgados y vivimos en una época esclava del qué dirán.

Porque Giacomo Casanova no es, no fue, tan solo un seductor y un libertino. Para lo que cuenta en estas páginas, se convirtió en un *peligroso* –nótese la ironía– agitador y delincuente hecho preso y, más importante aún, un prófugo de la justicia, un escapista que no cumplió su *deuda* con la sociedad. Escapó de la prisión de Venecia con tanta elegancia como hacía la corte a sus mujeres.

LOS ORÍGENES DE CASANOVA

Aunque ahora lo asociemos a la nobleza, los orígenes de Giacomo Girolamo Casanova (1725-1798) son más bien plebeyos. Tanto como tener una madre actriz y un padre actor y bailarín, que recorrían Italia y Europa con sus compañías. Podemos suponer que se crio en un ambiente más desprejuiciado y abierto que la media de la sociedad europea del siglo XVIII, como él mismo indica en *Historia de mi vida*, su

La plaza de San Marcos, hacia el sureste (1735-40), de Canaletto (retoque digital).

Las memorias del gran libertino

Considerado el libertino por excelencia, Giacomo Casanova dejó por escrito todas sus andanzas. Redactó muchas obras: era un hombre muy cultivado, que incluso tradujo la *Ilíada* en octavas reales. Sin embargo, la posteridad literaria le llegó con *Historia de mi vida*, su autobiografía, y de manera póstuma.

Tienen una historia curiosa sus memorias. Fueron escritas en francés entre 1789 y 1798, con el título original de *Historia de Jacques Casanova del veneciano Seingalt, escrita por él mismo en Dux, en Bohemia*. Lo de «Seingalt» fue un título que se autoconcedió, inventado por él mismo, porque sonaba bien, y que empleaba en sociedad. Las

Presunto retrato de Giacomo Casanova (c. 1760), atribuido a Francesco Narici.

confeccionó en los últimos años de su vida, cuando trabajaba como bibliotecario del castillo del conde Waldstein en Bohemia. Las completó poco antes de morir, y las entregó a su familia, en cuyas manos estuvo más de 20 años sin ver la luz. En 1822 las compró el editor alemán Friedrich Arnold Brockhaus, quien confeccionó una versión «afeitada», evitando los pasajes más comprometidos y eróticos; y, aun así, causaron un gran escándalo cuando se publicaron. Casanova lo contó todo –a menudo con seudónimos, pero muy reconocibles–, con una prosa aguda e ingeniosa, y su obra es uno de los testimonios –si no el mayor de ellos– más valiosos de la vida de las clases altas del siglo XVIII.

Casanova tuvo el «honor», en 1834, de que sus memorias –y el resto de sus obras– fueran incluidas en el *Índice de libros prohibidos* de la Iglesia católica. Ya en 1960, Brockhaus (por entonces una conocida casa editorial) desempolvó el manuscrito original, le dio forma respetando lo que escribió su autor y lo publicó con el título de *Historia de mi vida*. Ese original fue comprado en 2010 por la Biblioteca Nacional de Francia, por 7 millones de euros.

Historia de mi fuga de Los Plomos se publicó en 1788 en Leipzig y, aunque se engloba dentro de sus memorias, es un volumen aparte que sí se publicó en vida de Casanova, tras el perdón por parte de las autoridades venecianas.

autobiografía en la que relata buena parte de su existencia. En cualquier caso, el pequeño Giacomo se queda huérfano de padre a los ocho años de edad, así que será su abuela la encargada de criarlo, puesto que su madre iba de teatro en teatro allá donde la reclamasen.

Sin embargo, desde entonces siempre estuvo bajo la protección del poderoso patricio veneciano Michele Grimani, tanto que se rumoreó –y él lo apuntó discretamente en algún momento– que pudo haber sido hijo ilegítimo suyo. Como fuese, entre todos acordaron –o conspiraron– que el joven Casanova hiciese una carrera dentro de la Iglesia. No veían sus tutores el *talento* que llevaba dentro. ¡Cuánto amor al prójimo, cuántas noches memorables se hubieran desperdiciado de haber seguido a pies juntillas los planes de los demás!

Por suerte para nosotros –y para desgracia de unas cuantas decenas de maridos del siglo de las luces–, Casanova se doctoró en Derecho secular y eclesiástico, sin profundizar en su incipiente carrera como sacerdote. Se dice que en 1741, después de recibir las cuatro órdenes menores, se cayó borracho del púlpito durante un sermón. Mejor un correcto abogado que un extrovertido sacerdote.

Casanova empieza a ver mundo bien pronto. Con 17 años entra al servicio de abogados y diplomáticos, lo envían a Corfú y a Constantinopla, y poco después por varias ciudades de Italia... donde empieza a dejar su firma. Seduce y es seducido por mujeres, muchas de ellas casadas. Es un joven alto, con buena planta, más atractivo que guapo, excelente conversador. Se desenvuelve como alguien sin miedos, es lo contrario a un retraído: los escarceos se suceden. Incluso se adelanta a nuestra historia y, en 1743, las autoridades lo encierran en el Fuerte de Sant'Andrea desde finales de marzo hasta finales de julio. Más que la aplicación de una sentencia, resulta una advertencia encaminada a intentar corregir su carácter, al parecer pergeñada por el propio Grimani, que quería darle una lección por haber vendido en secreto

El retorno del Bucintoro el día de la Ascensión (1745-1750), de Canaletto (retoque digital).

El Consejo de los Diez

Casanova fue denunciado a los Tres Inquisidores del Estado, que eran un órgano especializado dentro del Consejo de los Diez. Durante siglos (de 1310 a 1797), Venecia fue una ciudad-estado que se regía por sus propias normas. Cada año, el Gran Consejo elegía a diez ilustres ciudadanos, cuya principal misión era vigilar y reprimir cualquier amenaza a la seguridad del Estado veneciano; con el tiempo, se le añadieron otras fuciones económicas, militares y eclesiásticas.

En la práctica, se comportaba como un órgano inquisitorial, ya que promovía la delación de ciudadanos mediante las llamadas «bocas de león», una especie de buzones en las que se depositaban denuncias sobre actos ilegales o inmorales, que llegaban hasta los Tres Inquisidores. Estos podían dictar cualquier tipo de pena, incluso la pena capital.

Boca del león que se conserva junto al Palacio Ducal.

los muebles de la casa de su padre. El chaval había salido espabilado: demasiado, probablemente.

En esta época de juventud también será soldado y violinista. Pese a su carácter indómito –¡como si eso fuese un impedimento!– es un gran estudiante y a todo le saca provecho. En un encuentro con personalidades venecianas, presta ayuda médica al influyente y rico senador Matteo Bragadin, quien piensa incluso que le ha salvado la vida y le toma como médico, título al que Casanova no le hace ascos. El senador lo adopta como hijo y lo apoyará durante toda su vida. Y, lo que es más importante para el socialmente ambicioso Giacomo, le presenta a lo más granado de la grey veneciana.

UN JOVEN DE LO MÁS PELIGROSO

Eso será una suerte, para Casanova y para los aristócratas venecianos: sangre nueva y descarada para fortalecer ese mundo –el que coloca el nacimiento por encima del desempeño en la vida– que se está desmoronando y al que la futura Revolución Francesa pondrá coto. El joven conoce a la plebe, al clero y, ahora también, a la nobleza: y se desenvuelve igual de bien en cada estamento. Venecia es una ciudad libertina en el fondo, que se empeña en mantener las formas. Quien no tiene amante(s) está fuera de onda –y de esta consideración tampoco se salvan los altos cargos de la Iglesia– y cualquier noble que se precie mantiene a una o varias cortesanas, que a su vez buscan encontrar marido entre los nuevos ricos.

En este ambiente disoluto y procaz, Casanova tiene puesto de mando. Se introduce, además, en el mundo del juego y de las apuestas, que no

66 A Giacomo Casanova lo denunció a los Inquisidores una mujer que afirmaba que había conducido a sus hijos al ateísmo. Estos recibieron con gusto la denuncia, que veían en él otros comportamientos reprobables y mal vistos. 99

Dibujo de un busto de Giacomo Casanova.

Puente de los Suspiros, que conecta el Palacio Ducal (que albergaba las celdas más antiguas) con el nuevo edificio que ampliaba la cárcel (en la parte izquierda de la imagen).

son precisamente ilegales. En Venecia todo el mundo juega: se citan en los *ridotti*, los locales de apuestas, donde noche tras noche se pierden y ganan fortunas. Giacomo acumula más deudas de las que debe, que ni siquiera la mano de Bragadin puede solventar.

Casi con 30 años, Casanova ha pisado más charcos de los que hubiera debido. Ha molestado a maridos y a jugadores, es un veterano de guerra en el amor y en el juego, y no se esconde en mostrar sus cicatrices. Es esta falta de recato en sus «faltas» –tan comunes en otros–, su reincidencia y falta de discreción, lo que empieza a colocar su nombre en la mesa de los inquisidores de la ciudad. El mismo Bragadin se lo advierte: «Te vigilan por indecente», le avisa. «Si no tienes dinero, te daré 100 cequines; la prudencia quiere que partas», continúa. Es un mal ejemplo para quienes se ocupan de la moral. Peor aún cuando conocen que se ha hecho masón. Peor todavía cuando se enteran de que mantiene una relación con una monja.

Pero… ¿quién quiere apagar la música cuando la fiesta está en lo más alto?

Patio interior de Los Plomos.

LA DETENCIÓN DE CASANOVA

Nadie. Y menos alguien que no siente que hace mal a sus congéneres. Lo de los amoríos se lo toma como un juego, y lo del juego –los engaños a sus acreedores–, como un «castigo a la estupidez humana». Sin embargo, todo está a punto de cambiar.

El 26 de julio de 1755, de madrugada, le despiertan en su casa «una treintena o una cuarentena» de guardias del Tribunal de Inquisidores, que le conminan a poner en orden sus pertenencias y empaquetar las más básicas, sin dar más pistas. Tanto efectivo empleado en su honor le halaga, como cuenta en sus memorias:

«Es singular que en Londres, donde todo el mundo es valiente, no se emplee más que un solo hombre para arrestar a otro, y que en mi querida patria, donde se es cobarde, se empleen 30. La razón puede ser que el cobarde obligado a acometer debe tener más miedo que el acometido, el acometido puede, por esta misma razón, volverse valiente».

En góndola, lo llevan hasta un edificio que reconoce pronto. Son los aledaños del Palacio Ducal. Por un pequeño y hermoso puente cerrado –¡ay!, el Puente de los Suspiros– que pasa por el canal llamado río del Palacio lo conducen a la cárcel de Los Plomos (pronto veremos por qué se llama así). Una vez allí, pasan por una galería, entran en una habitación, luego en otra, donde encuentra a un hombre vestido de patricio. Este lo mira, y descerraja:

—Es él. Metedlo en prisión.

Y el carcelero lo lleva a una pequeña celda, adornada en su exterior por un admonitorio instrumento de tortura. Allí se queda, solo, sin saber por qué está allí, por cuánto tiempo, de qué le acusan.

«Me he puesto a aullar como un loco furioso, a patalear echando pestes y a acompañar con fuertes gritos todo el inútil alboroto que mi extraña situación me inducía a formar [...]. En calidad de gran libertino, de atrevido hablador, de hombre que no pensaba en más que gozar de la vida, no podía verme culpable, pero al verme a pesar de ello tratado como tal, le ahorro al lector todo lo que la rabia, la indignación y la desesperación me han hecho decir y pensar contra el horrible despotismo que me oprimía».

Entrada a una de las celdas donde Casanova permaneció encarcelado

Una de las celdas donde Casanova estuvo preso en Los Plomos.

LA VIDA EN PRISIÓN

Durante unos cuantos días, sus únicas compañeras son las pulgas, que lo fríen a picaduras. También las ratas «como conejos» que ve pasar por una exigua ventana. Solo cuando –a la fuerza, ahorcan, aunque esté mal mentarle ahora la soga– se olvida de los picores y el ruido concilia el sueño. ¡Ah! Y el calor. Se pasa gran parte del día en paños menores, cuando no del todo desnudo. Es verano, y la prisión de Los Plomos (*Piombi*, en italiano) hace honor a su nombre y función: el tejado está formado con placas de plomo. En verano imprimen un calor infernal a quienes están encerrados bajo ellas; en invierno, dejan pasar el frío y la humedad propios de Venecia, de manera que, por uno u otro extremo, aplanan y desalientan a los reos de la prisión. El pobre Casanova, siempre hecho un pincel, se encuentra ahora disfrazado de náufrago en una isla desierta: sucio, despeinado y maloliente.

Y sigue sin saber su delito. Podemos adelantar lo que años más tarde escribirá:

«Un secretario de embajada me dijo algunos años después que un denunciante me había acusado, aportando dos testigos, de no creer más que en el diablo. Certificaban que cuando perdía dinero en el juego, momento en el que todos los creyentes blasfemaban contra Dios, nadie me oía lanzar execraciones más que contra el diablo. Se me acusaba de comer carne todos lo días, de no ir más que a las misas cantadas, y se tenían serios motivos para creerme francmasón. Añadían a todo esto que trataba con ministros extranjeros, y que viviendo con tres patricios, estaba al corriente de las actividades del Senado y lo revelaba por dinero para financiar mis apuestas. Todo esto llevó al todopoderoso tribunal a tratarme como enemigo de la patria, conspirador, malvado de primer orden».

Pasan las semanas. Pasan los meses. Y nada cambia bajo Los Plomos. Alguna vez le proporcionan un compañero de celda, que cambia a los pocos días. Nadie le comunica nada, sigue sin saber por qué está allí, cuándo saldrá. Es esa desesperación la que le conduce a tomar las riendas. Su delito no puede ser grande, pero el inmisericorde tribunal quizá lo mantenga allí... ¿Para toda la vida? ¿Morir acaso allí? ¡Con todo lo que la vida le ha ofrecido y le tiene que ofrecer!

Es el mes de septiembre y Casanova hace suya la frase de Horacio: *Deliberata morte ferocior* («Más implacable debido a la amenaza de muerte»). Es decir: a la libertad, por la fuga; cueste lo que cueste.

Grabado de la primera edición de *Historia de mi fuga de Los Plomos*.

EL PLAN CASI PERFECTO

Nadie, jamás, que se sepa, se ha escapado de Los Plomos. Pero alguien tiene que ser el primero, y nunca pasó por allí un Casanova, se dice. Lo primero que tiene que agenciarse es una herramienta para horadar: bien el suelo, bien las paredes, bien el techo. Encuentra una vara de metal en una salida al patio, se la lleva y con una piedra la lima hasta completar «un estilete octogonal tan bien proporcionado que no se le habría podido pedir más a un buen cuchillero».

Piensa el plan más factible: excavar un agujero debajo de su cama, el lugar más fácil de ocultarlo. Pero tiene un precio que pagar: dirá a sus carceleros que no entren a limpiar, lo cual aumentará el número de pulgas. Cuando le preguntan el porqué, aduce: «porque el polvo se me mete en los pulmones y me produce tuberculosis». Cuando se ofrecen a fregar el suelo, contesta: «la humedad puede darme plétora». Lorenzo, el carcelero, no da mayor importancia a esta excentricidad de tan excéntrico prisionero y, días después, barre el suelo. Al día siguiente,

Casanova se pincha un dedo, mancha su pañuelo con su sangre, y empieza a toser para que lo oigan. Le dice a Lorenzo que llame a un médico. Ante este, razona que se le ha roto una vena pulmonar por el polvo, lo que le parece creíble al doctor, que amonesta al carcelero.

Casanova va encontrando soluciones para todo.

Con su punzón y ayuda de algo de vinagre va quitando el cemento que une las losas de mármol. Debajo encuentra tablones de madera, que también quitará. Es un trabajo de varias semanas, pero para el 23 de agosto de 1756, ya ve la sala que hay debajo y tiene la manera de descolgarse. Decide fugarse unos días después, será el mejor momento.

El 25 de agosto, Lorenzo lo despierta, de muy buen humor:

—Os felicito, señor, por la buena noticia que os traigo.

A Giacomo le da una vuelta el corazón. ¿La libertad, acaso? ¿No tendrá que arriesgar su vida? O quizá sea eso, pero cuando vean el agujero, se la denegarán. Pero no, es peor que todo eso:

—Os trasladan a una nueva estancia, con vistas de toda Venecia, más luminoso y espacioso.

Casanova, como nosotros, no se cree su mala suerte.

Casanova fue considerado un gran seductor, y trató a las mujeres con gran respeto.

Vista de las celdas que dan al río de Palacio. En la página derecha, pasillo que conduce a la celda de Casanova.

RESILIENCIA DE PRESO

No le queda más remedio que aceptar su destino de Sísifo carcelario. Y, peor aún: descubren el agujero de escape en su celda, lo que a buen seguro empeorará su condena (sea cual sea). Sin embargo, ahí inventa un truco a la altura de su leyenda de pícaro. Cuando Lorenzo, su enfurecido carcelero, le recrimina su previsible intento de fuga, Casanova le conmina a no comunicarlo al Tribunal, mediante un hábil estratagema: si lo hace, les dirá que consiguió hacer el agujero gracias a las herramientas que él mismo le proporcionó mediante soborno. ¿Quiere usted arriesgarse a eso, señor carcelero?

No, no quiso. Y las cosas se quedaron en *petit comité*.

Su nueva celda, en efecto, es mejor, pero eso no resulta suficiente para desalentar a Casanova de sus planes. En esta nueva ocasión, lo más oportuno parece realizar un agujero en el techo, que supone que dará a un desván sobre el que se disponen los famosos plomos. La casualidad quiere que un fraile de su confianza sea encarcelado en una celda cercana, y consiguen una fluida comunicación por carta, amparada por el carcelero, que ha vuelto a relajarse. En sus escritos planean una fuga conjunta, prestándose mutua ayuda.

Será el fraile –el padre Balbi– quien realice dos agujeros –uno en su celda, y otro en la de Casanova– a cambio del punzón, que consigue hacerle llegar, mediante otro engaño a Lorenzo. Será un trabajo de semanas. ¿Pero qué son unas semanas, si puede estar en juego la libertad de toda una vida?

UN POCO DE HUMOR

El trabajo es duro, pero, a finales de octubre, los agujeros están listos. Solo queda decidir el cuándo. Hay días más propicios que otros, puesto que en el cambio de mes –tradición que aún hoy se mantiene, por el Día de Todos los Santos– hay fiesta, y el personal en la cárcel se reduce y, el que se queda, se emborracha. En cualquier caso, Casanova recurre a una de sus debilidades para averiguar cuál es la mejor fecha para la tentativa: la cábala. Y es que, desde su infancia, Giacomo es aficionado al ocultismo y al espiritismo, herencia familiar de su abuela. Echando mano del *Orlando furioso* de Ludovico Ariosto, realiza una serie de cuentas que le llevan a deducir que en el canto *nueve*, de la estrofa *siete*, en su verso *uno*, está la respuesta a su pregunta. Y, para su sorpresa –y para la nuestra: ¿no estará fabulando demasiado?–, encuentra que dice así:

Entre el final de octubre y el principio de diciembre.

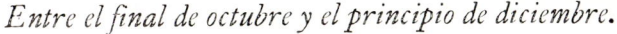

De acuerdo, habrá que creer a Ariosto y a Orlando. Así que la fuga se hará la medianoche entre el 31 y el 1 de noviembre, no se hable más.

Sin embargo, un nuevo impedimento interfiere los planes de ambos convictos. A Casanova le ponen un nuevo compañero de celda, del que pronto descubre que no es de confianza: «Un zafio, un cretino, un traidor». Pero también es un ignorante y un crédulo, y jugará esa baza para engañarlo o, al menos, para que no los delate.

El mismo día de la fuga, concertada con el padre Balbi, Casanova avisa a su compañero de que, a las 19 horas, un ángel con forma de hombre horadará el techo y los sacará de allí. Él podrá acompañarlos o no, pero en ningún caso dará la voz de alarma, si no desea que la Santísima Virgen del Rosario –a la cual veneran– le haga morir enfermo. A la hora pactada se postran bajo el techo –el pícaro Casanova aguantándose la risa, el miserable de Soradaci con cara de bobo– y empiezan a moverse los tablones... Anonadado, Soradaci decide que es mejor dejarle hacer a su compañero... iungido por Dios y la Virgen!

LA FUGA

Serán cuatro los fugados: Casanova y Soradaci, el padre Balbi y su también compañero de celda, el anciano conde Asquin. La mañana del día 31 ve –¿por última vez?– al carcelero Lorenzo, al que le da un libro para el padre Balbi. Dentro de esos libros esconden las cartas con las que se comunican: en esta última, quedan en que el fraile abra el agujero poco después del anochecer.

A la hora acordada aparece el fraile (o el ángel, para Soradaci), abre el agujero del techo y entra con unas tijeras, con las que cortar las largas barbas de náufrago de Casanova. Se aúpan hasta el techo y salen a un desván bajo las planchas plomadas.

Izquierda: página del manuscrito original de *Historia de mi vida*. Derecha. Puerta de la Carta (en la actualidad), por donde salió Casanova del Palacio Ducal.

Durante cuatro horas toman todas las sábanas, toallas y colchones para confeccionar con ellos unos 60 m de cuerda. Cada uno empaqueta sus pertenencias de calle –la ropa con la que entraron a prisión– y empiezan a levantar las planchas. Comprueban que la luna creciente brilla con fuerza y que la noche es húmeda y neblinosa. Lo primero les va a retrasar hasta que el satélite baje y se vaya a iluminar el otro hemisferio; lo segundo acaba por desanimar al conde Asquin, quien se ve incapaz de caminar por un tejado metálico y resbaladizo. Casi en noviembre, la noche llega pronto y aún pasean los venecianos por la plaza de San Marcos; mejor no arriesgar a que vean sus sombras alargadas desde allí abajo. Entre el ocaso de la luna y la salida del sol habrá algo más de siete horas de negrura absoluta, durante las cuales tendrán que ejecutar su plan.

Este varía un poco cuando Soradaci, acobardado, decide no tentar la suerte sobre el tejado y quedarse en la cárcel. Un alivio para Casanova, en realidad, siempre que no dé la voz de alarma. Tendremos que fiarnos de este hombre miserable: ya veremos.

SOBRE LOS PLOMOS

Casanova y Balbi salen al tejado cuando la luna se pone. No se ve nada, más allá de la tenue iluminación de la ciudad, a sus pies. Quizá un turista pagaría por esas vistas; nuestros escapistas, como es lógico, buscan otras más a ras de tierra. Pero ¿cómo obrar allí arriba? Es Casanova, el más valiente de los dos, el que toma la iniciativa y se desplaza sobre las planchas de plomo, a horcajadas sobre los tejados a dos aguas cuando es necesario. Así, hasta encontrar una ventana que da acceso a una estancia del Palacio Ducal: arranca la reja con su inseparable espontón, rompe el cristal cortándose la mano... Pero son capaces de descolgarse hasta el suelo y entrar. ¡Lo más difícil ya está hecho!

Una vez dentro, están más a oscuras incluso que antes. Van tanteando las paredes con manos y pies, como si fueran –lo son, ahora– dos ciegos. Parece que están en una sala de reuniones, pero mañana es fiesta y no se espera a nadie en palacio. Es un breve momento de paz, de bajar la guardia. El cuerpo de Casanova le recuerda que hace casi dos días que ni come, ni duerme: está exhausto. Se permiten un pequeño descanso, que no será tan pequeño: ¡duermen durante tres horas y media! Tampoco es tiempo perdido: lo necesitaban para seguir adelante.

El amanecer ya asoma. Al menos, aporta algo de luz para señalar el camino. Llegan a una sala cuya puerta les conducirá, creen, a la salida del palacio. Está cerrada y no les queda otra que practicar un gran agujero, del que emergen afiladas astillas, con las que Casanova se

Museo Casanova, en Venecia.

Chapitre II

Souper à l'auberge avec Armeline, et Emilie

[Manuscrito manuscrito en francés de las memorias de Giacomo Casanova]

rasguñará hasta sangrar en varias partes del cuerpo. Pero qué es eso cuando se ve la escalera de los Gigantes, la que lleva hasta la puerta de la Carta: la primera posta de su libertad. Se visten con sus mejores galas, por si hubiera llegado el ansiado momento. Sin embargo, llegados hasta la puerta, la comprueban cerrada por fuera, imposible de forzar con su sufrida vara afilada. Se asoman por una ventana para ver el exterior y... ¡los ven los guardias de palacio! ¿Es esto el fin?

En unos segundos, se oyen pasos y se abren los cerrojos.

Casanova decide salir con su empelucada cabeza bien alta, sin dar explicaciones, y el padre Balbi se pone detrás, cual lacayo. Los guardias miran boquiabiertos tanta desenvoltura, ante lo cual no pueden sino pensar –se sabrá más tarde– que son dos hombres que quedaron encerrados en palacio la noche anterior, vaya usted a saber en qué extraña fiesta. Vicios de la aristocracia, mejor no preguntar.

Y mejor para todos, porque, en caso de apuros, Casanova empuñaba el espontón bajo su levita.

EL DESENLACE

Libertad, al fin, o algo parecido. Toman la primera góndola libre –¡gondolero, a toda velocidad!– y escapan de la Serenísima República, camino a Múnich. Por el camino, algunos venecianos llegan a reconocerlos, pero la fortuna les sonreirá siempre. Patearán los caminos cuando se les acabe el poco dinero que tienen. Casanova –quien ya no aguanta la compañía del fraile– incluso llega a dormir en la casa del jefe de los guardias venecianos, en ausencia suya. En Múnich lo reciben con los brazos abiertos «La victoria pertenece a los más tenaces», dicen que dijo nuestro vecino de fugas, Napoleón Bonaparte, frase que hoy se lee en la pista central del torneo de Roland Garros, en París. La capital francesa espera, asimismo, al insigne Casanova, quien a sus *affaires* amorosos ha sumado una nueva y estupenda historia, que hará las delicias de aquellos salones.

Dieciocho años después, nostálgico de Venecia, consigue el perdón de los inquisidores y vuelve, emocionado, a la *Serenissima*.

Nueve años después, en 1783, se ve obligado a abandonarla. El mundo está cambiando, él ya no es el centro de todas las miradas y le cuesta ganarse la vida. Tendrá que aceptar un trabajo como bibliotecario en el castillo de Duchčov, en Bohemia y vivir de él hasta su muerte.

LA FUGA DE VARENNES: ESCAPE REAL

LA BAJADA A LOS INFIERNOS DEL ÚLTIMO REY FRANCÉS ABSOLUTO

La Revolución Francesa fue un período en la historia cuyas consecuencias se expandieron, de una manera u otra, por todo el planeta. Supuso una continuada erosión en el poder tal y como se ejercía hasta entonces. Uno de sus capítulos imprescindibles es esta fuga que protagonizó Luis XVI, quien hasta entonces se creía fuera del alcance de la revolución.

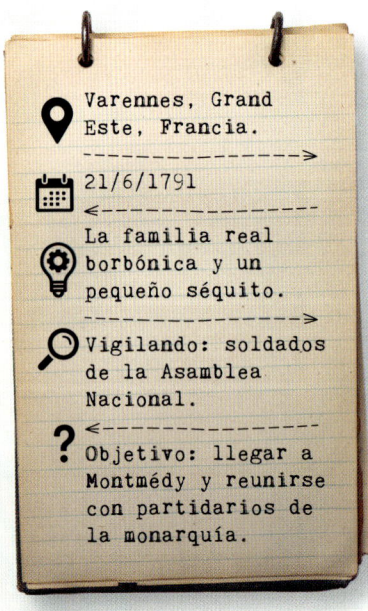

📍 Varennes, Grand Este, Francia.
- - - - - - - - - - - ->

📅 21/6/1791
<- - - - - - - - - - -

💡 La familia real borbónica y un pequeño séquito.
- - - - - - - - - - - -

🔎 Vigilando: soldados de la Asamblea Nacional.

❓ <- - - - - - - - -
Objetivo: llegar a Montmédy y reunirse con partidarios de la monarquía.

Retrato de cuerpo entero de Luis XVI con atuendo real (1778), de Antoine Callet (retoque digital). El autor pintó varias versiones; esta se encuentra en el Museo del Prado de Madrid.

LA MADRUGADA DEL 21 de junio de 1791, un pequeño carruaje salía de las inmediaciones del palacio de las Tullerías de París. Un lugar exquisito, bello y pleno de historia, como la que se estaba escribiendo entonces. Justo –para los más deportistas– donde en las olimpiadas de 2024 se instaló el hermoso pebetero y su llama. Algo de competición tenía la escena; no podía haber pistoletazo de salida, porque se hacía furtivamente, con oscuridad y alevosía; sin embargo, había musculosos caballos a punto de salir disparados en carrera con un meta bien clara: Montmédy, cerca de la frontera austriaca. Dentro del carruaje, cinco pasajeros. Uno de ellos se hacía pasar por un tal «M. Durand», otra, por una institutriz, que cuidaba a una niña llamada Aglae. Todo falso, claro. La verdad no puede, no debe saberse. Ni siquiera, aún, nosotros. El futuro de Francia, quién sabe si de Europa, está en juego. Y nadie dice que sea para bien.

66 La fuga de Varennes debe su nombre a la localidad donde Luis XVI y su familia fueron arrestados. Sin embargo, en realidad, esa no era más que una localidad de paso, ya que su objetivo era llegar a Montmédy, en la frontera con la actual Bélgica. **99**

EL AMBIENTE REVOLUCIONARIO

Estamos en 1791, sí, y todos sabemos lo que eso significa en Francia: la Revolución, la que dio comienzo el 14 de julio de 1789 con la toma de la Bastilla en París. El pueblo se harta, se rebela contra los que toman continuas decisiones en su contra. El mundo no volverá a ser igual. Pero la Revolución no es flor de un día: es un periodo que se extiende durante años, y que observa una serie de capítulos.

Por ejemplo: Francia no se levantó republicana el 15 de julio, sino que, durante un tiempo, revolución y monarquía conviven. Durante dos años, la familia real es *invitada* a vivir en una jaula de oro, donde tenerlos bien cerca y controlados. Sucedió el 5 de octubre de 1789, cuando multitudes de mujeres del mercado parisino marcharon sobre Versalles, protestando por los altos precios del pan y por la negativa del rey a aceptar importantes reformas revolucionarias, portando sus cañones tras ellas y gritando a las claras que iban a por *le bon papa*, el rey Luis XVI. Con un poquito de sangre por delante, al menos consiguieron llevarse consigo al rey a París, al mentado palacio de las Tullerías, donde Luis XVI pierde su pomposa condición de rey de Francia y Navarra por la más terrenal de «rey de los franceses». *Pobre* Borbón: no sabía que eso era tan solo el principio de una cuesta abajo, que para él solo se frenaría tres años después, con el ayudante de Charles-Henri Sanson levantando hacia la multitud su cabeza (y solo su cabeza): Sanson era, por si no lo intuimos, el verdugo implacable de París.

UN REY CONTRA LOS TIEMPOS

Así que Luis XVI y familia (ya sabemos, su mujer María Antonieta, el hijo y delfín de Francia, Luis Carlos, y la hija María Teresa, ya adolescente) están en París a buen recaudo, gozando de una ficticia libertad. Disfruta de sus paseos diarios, sigue realizando ceremonias reales y recibe a dignatarios extranjeros. *Vosotros haced como que me respetáis y yo hago como que gobierno*, es el pacto no escrito del momento. El monarca va firmando con desgana las leyes que le sirve la Asamblea Nacional. El 14 de junio de 1791, por ejemplo, la radiante y nueva Constitución, tan avanzada para la época, en la que –por supuesto– no cree, pero, ¡ay!, nobleza *obliga*.

Ilustración de la época en la que se recrea la Marcha sobre Versalles, también conocida como Marcha de las Mujeres.

Seamos *realistas*: un rey así y un momento histórico como este no acaban de casar bien. Son como un matrimonio que comparte piso por mantener las apariencias y seguir pagando juntos las facturas; pero, si no hay amor, las cosas solo pueden ir a peor. Hasta ahí la analogía, porque entonces no existía el divorcio y las parejas están unidas... hasta que la muerte los separe.

Oliéndose eso, fuera de las Tullerías, los monárquicos –que los hay y muchos– urden complots para liberar a la familia real casi desde su confinamiento. En diciembre de 1789, el marqués de Favras planea secuestrar al rey y llevarlo a la fortaleza de Metz, en zona segura. Pero Favras despierta las sospechas del marqués de La Fayette. La trama se destapa y a Favras lo ahorcan en febrero de 1790. Pero hay más intentos de sacar al rey de París. Incluso el conde de Mirabeau, que funge como consejero secreto del rey, le señala que lo mejor para él y para la monarquía es dejar París por una ciudad menos revolucionaria y hostil como Rouen. Pero Luis XVI no es un tipo de acción y, como la mayoría de los reyes, piensa que las cosas acabarán por solucionarse por su propio peso. Al fin y al cabo, es el rey: *¿qué me puede pasar?*

Vista general del Jardín de la Tullerías. Es la parte que se conserva del Palacio de las Tullerías, al que los incendios y los asaltos durante la Comuna de París (1871) acabó por destruir.

AUMENTA LA PRESIÓN

Bueno, todo es susceptible de empeorar, mientras estemos vivos. Que el cerco se estrecha sobre la familia real queda a las claras durante la Semana Santa de 1791, cuando se dirigen a un palacio a las afueras de París a pasar –como dicen en las revistas del corazón– «unas pequeñas vacaciones», las enésimas. No hacen falta redes sociales ni móviles de última generación: el boca a boca de toda la vida funciona. Una gran multitud rodea su carruaje y los bloquea. Durante más de una hora, Luis XVI y María Antonieta permanecen dentro de su carruaje y pueden contemplar las caras de odio indisimulado que les dedica la turba. Ella llora, frustrada, por la actitud de su pueblo, o quizá porque teme por su vida. Él, ungido de esa altivez que aún tiñe a los reyes absolutistas (o que aún se ven como tales), se dirige a la multitud y les interpela: «¿Por qué a quien dio a la nación francesa su libertad se le niega ahora la suya?». Aunque La Fayette llega con el ejército para dispersar a la turba, los mismos soldados se niegan a emplear la fuerza. La única solución es que los reyes vuelvan a palacio. Mejor unas vacaciones de menos que un linchamiento de más. Baño de realidad para los monarcas: sí, todos lo sabían menos vosotros, estáis presos en las Tullerías.

EL PLAN

Así que lo de abandonar París ahora iba en serio. Refractario como era hasta entonces de dejar el centro del poder, Luis XVI empieza a dejarse querer por quienes apuestan que una salida de París es la mejor opción para... regresar por todo lo alto. Y gana la propuesta del conde Axel von Fersen, un noble y aventurero sueco que había servido en el ejército francés durante la Guerra de la Independencia de los Estados Unidos. Y del que las malas –o buenas– lenguas dicen que es o fue amante de la reina. En cualquier caso, alguien de confianza.

La alta jerarquía del clero francés también está al tanto y apoya la fuga del monarca. Ellos, por supuesto, ven con gesto torcido todas las reformas que la Asamblea Nacional está gestando, que reducen la cuota de poder de la Iglesia. El plan no es solo de escape: en la frontera con Austria, el rey reunirá a tropas y súbditos leales con los que entrar a París y «rescatar» al resto de su pueblo, sin duda mal aconsejado y desorientado por culpa de los revolucionarios: una ensoñación clásica de los dictadores de todos los tiempos. Pero bueno, si este plan fracasa, se recurrirá a los aliados, es decir, al emperador del Sacro Imperio Romano Germánico, Leopoldo II de Austria, hermano de María Antonieta. O el pueblo «traidor» se reconcilia con la monarquía, o la monarquía traiciona al pueblo con la invasión de una potencia extranjera.

LA PREPARACIÓN

El plan de Von Fersen está bien medido. Se escapa de noche, en un pequeño carruaje y se llega a la ciudad fronteriza más próxima, Montmédy, a unos 287 kilómetros al este de París (en la actualidad, junto a la frontera con Bélgica, país que entonces pertenecía a Austria) y libres de nuevo para iniciar una reconquista, geográfica y sentimental, de Francia. Ojo: incluso a toda velocidad, un viaje así durará un día entero y requerirá unas 20 paradas para conseguir caballos de refresco. Pero todo saldrá bien, ¿no?

Bien, ese es el plan inicial, pero al monarca esto de viajar en un incómodo carruaje no le hace mucha gracia. ¿Por qué no una amplia y lujosa berlina para seis personas? Porque así se despertarán menos sospechas, majestad (*¿no es capaz de verlo?*). Al final se llega a un acuerdo: saldrán –si salen– de París en un pequeño carruaje, pero a las afueras les esperará una berlina a la altura; eso sí, «disfrazada» de correo postal. Ni para vos ni para mí.

Detención del sedán real escoltado por húsares, cerca de la iglesia de Saint-Gengoult en Varennes, por la guardia nacional y los ciudadanos. Dibujo de 1790 de Laurent Guyot (Museo Carnavalet, París).

Detención de Luis Capeto en Varennes el 22 de junio de 1791, grabado de Jean-Louis Prieur (Museo de la Revolución Francesa, Vizille).

Otra cuestión es cuántos y quiénes serán los fugados. El rey, la reina y sus dos hijos, por supuesto; también Isabel, hermana del rey; por supuesto, la marquesa de Tourzel, institutriz de los infantes. Además, un par de sirvientas y el peluquero de la reina: Jean-François Autié, hombre de confianza de María Antonieta (pionera pues en eso de ser una *fashion victim*) y a la postre actor principal –e involuntario– de esta trama, porque la reina le confiará decisiones fuera de sus capacidades.

El plan consiste en hacerse pasar –si algún desalmado para y les pregunta– por la comitiva de la baronesa de Korff, viuda de un coronel ruso que iba a Frankfurt con dos hijos, una esposa, un ayuda de cámara y tres sirvientes. A saber:

- *Luis XVI = monsieur Durand (intendente de la baronesa de Korff).*
- *María Antonieta de Austria = madame Rochet (institutriz de los hijos de madame de Korff).*
- *María Teresa de Francia = hija de madame de Korff.*
- *Luis Carlos, el delfín = hija de madame de Korff (vestido de niña).*
- *Marquesa de Tourzel, institutriz de los infantes: baronesa de Korff.*
- *Isabel: Rosalie, dama de honor de la baronesa.*
- *El resto = sirvientes de la baronesa.*

Facsímil del asignado (cada uno de los títulos que sirvieron de papel moneda en Francia durante la Revolución) que sirvió a Jean-Baptiste Drouet para reconocer al rey Luis XVI.

EL ESCAPE REAL

En fin: el 20 de junio la familia real se va a dormir como cualquier otra noche. Primero, los infantes Luis Carlos y María Teresa y luego la reina y el rey, cada uno a su habitación. A este lo desvisten y le ayudan con el proceso, un poco a la manera de los reyes de la antigüedad. Su ayuda de cámara no sospecha nada. Cuando consigue despacharlo, Luis XVI se viste con un sombrero redondo, una peluca y un abrigo liso. Burla a sus guardias y se encuentra con sus hijos y el resto de sus acompañantes en las afueras de palacio... Un momento, ¡no están todos! Falta María Antonieta. La espera es tensa. Han quedado a medianoche y son las 00:30 y aún no se la ve. Cinco minutos después, llega: se había extraviado por los pasillos de palacio y por las vueltas del jardín. Nadie dijo que esto iba a ser fácil.

Además, un nuevo imprevisto: no hay sitio para todos en el carruaje. La reina insiste en llevar a su pequeño séquito, así que el sacrificado es el marqués de Agoult, el único del cortejo con formación militar y con experiencia en estas lides de espionaje. María Antonieta prefiere como hombre de confianza a su peluquero.

Casi a las dos de la mañana, con hora y media de retraso –se topan con la fiesta de una boda–, llegan al lugar donde está la berlina más espaciosa.

Tuvo que ser horrible ese rato para la familia real, tan cerca unos de otros. Ya pasó: ahora sus ayudantes traspasan al nuevo vehículo los baúles repletos de ropa, vajilla, botellas de vino y otros enseres fuera del manual básico de las fugas a hurtadillas.

El viaje continúa pero, como mandan los cánones de las fugas, se acumulan los contratiempos. En plena noche, la berlina choca contra el poste de piedra de un puente y queda dañada. El retraso sobre el horario previsto suma cuatro horas; un dato que no es baladí, porque en el puente de Somme-Vesle los espera el joven duque de Choiseul con un destacamento de 40 húsares cuya misión es escoltarlos el resto del camino hasta Montmédy. Pero como no llegan teme que el plan haya sido descubierto y abandona su puesto.

PARÍS EN EBULLICIÓN

Mientras tanto, en la Ciudad de la Luz se encienden las alarmas. El ayudante de cámara entra en la habitación del rey a las 7 de la mañana. Tras el dosel de la cama encuentra un colchón vacío... Eso, y un documento manuscrito de 16 páginas, firmado por el propio rey: *Declaración del rey dirigida a todos los franceses, al salir de París*. En él se justifica por su huida: acusa a los jacobinos y a su perniciosa influencia en la sociedad francesa y explica su voluntad de liderar una monarquía constitucional, con un ejecutivo poderoso y autónomo de la Asamblea Nacional. Este texto no deja lugar a dudas: el rey se ha escapado. Sin embargo, cuando llega a manos de La Fayette, se lo queda y los franceses nunca sabrán de él, al menos durante la época revolucionaria. Es más: durante las primeras horas –cuando la noticia se expande sin control, de boca en boca por toda la ciudad, por toda Francia–, la Asamblea Nacional difunde que el rey «ha sido secuestrado». Las noticias falsas no son cosa de hoy.

La noticia, decimos, se expande rápidamente –a la rápida velocidad de aquellos tiempos *lentos*– y adelanta incluso al pesado convoy de los reyes. La jornada del 21 de junio va avanzando, de posta en posta. La berlina para en las postas imprescindibles, en las que toman nuevos caballos, descansados (esas eran las «gasolineras» de entonces) y los reyes bajan apenas para hacer sus necesidades, que en eso eran como los demás. Los guardias de la zona están avisados por el marqués de La Fayette, que hace las veces de ministro del Interior. A favor de los fugados corre un hecho que quizá hoy se nos escape, de tan natural cómo parece: ¿conocerían los ciudadanos franceses el aspecto de sus reyes?

Vista aérea de la ciudadela de Montmédy, el lugar a donde se dirigía la familia real francesa.

El arresto del rey y su familia en Varennes. Lienzo de Thomas Falcon Marshall (1854).

Quizá algunos tendrían presente algún retrato oficial pintado a mano, alguna reproducción en un libro... Pero la mayoría de la población no sabía ni leer.

Sin embargo, cuando el carruaje llega a localidad de Sainte-Menehould, a eso de las 19:30 de la tarde, la casualidad se alía en contra de sus majestades. El jefe de correos de la ciudad, llamado Jean-Baptiste Drouet –quien en su momento había visitado Versalles–, cree reconocer a la reina. Tiempo después, ante la Asamblea, declarará:

> «Creí reconocer a la reina; y al ver a un hombre en la parte trasera del auto a la izquierda, me llamó la atención el parecido de su fisonomía con la efigie de un asignado de 50 libras».

Drouet no sabe qué hacer... Es un ciudadano normal al cual le ha caído, de repente, un peso histórico. Resulta difícil ponerse en su lugar. Acaba por decidir que lo mejor es poner su información en manos del ayuntamiento de Sainte-Menehould. Allí deliberan y creen que lo mejor

Grabado de Jean-Baptiste Drouet, el hombre que cambió el curso de la fuga de Luis XVI.

es dar parte a las autoridades nacionales. Junto con un amigo, Drouet alcanza al convoy de los fugados en la población de Varennes.

INCERTIDUMBRE EN VARENNES

Allí alertan a las autoridades locales. Como el alcalde no está, la responsabilidad recae en el síndico (el teniente de alcalde actual), llamado Jean-Baptiste Sauce, otro inopinado invitado de la historia. Sauce los detiene, pero cortésmente y sin dudar de la identidad de los pasaportes, les ofrece su hospitalidad y la de su familia. Está, incluso, a punto de dejarlos salir de su casa, pero ahí entra de nuevo Drouet, que se lo impide: «¡Son el rey y su familia, y si los dejáis marchar al extranjero seréis culpable de alta traición!». Sauce solicita que vaya el juez del pueblo –que había trabajado en Versalles–, quien reconoce al rey y se arrodilla ante él, ante lo cual el monarca reconoce su identidad y la de su familia ante todos.

Página del manuscrito *Declaración del rey dirigida a todos los franceses, al salir de París*. Este importante documento histórico fue redescubierto en mayo de 2009, y adquirido por el Museo de Letras y Manuscritos de París.

En Varennes empieza a sonar la campana de alarma: se anuncia a la ciudad que algo pasa, y que pasa en la casa de la familia Sauce. Los curiosos se van concentrando alrededor. Los hay de todo tipo: monárquicos, neutros y futuros republicanos. Hay un poco de tensión, pero la sangre no llega al río. No ese día.

A medianoche, al fin, llegan los 40 húsares del duque de Choiseul, que se apostan frente a la casa; pero nadie sabe muy bien el paso que dar; puede ser un baño de sangre, para unos y otros. El rey prefiere no alentar a Choiseul, temiendo por su familia. Cree que vendrán otros soldados amigos desde la frontera. Hacia las 5:30

horas llegan dos enviados de la Asamblea Nacional; presentan –con lágrimas en los ojos, se dice– la orden de arresto emitida contra la familia real. El rey deja la misiva sobre la cama donde duermen sus hijos y dice a la reina: «Ya no hay rey en Francia». La reina, displicente, retira el papel y exclama: «No quiero que contamine a mis hijos». Ella busca consuelo en *madame* Sauce, algo de empatía femenina, pero se encuentra con una respuesta que encierra en sí misma todo el cambio de una revolución, de una época:

> **Señora, usted se preocupa por los intereses de su marido;**
> **déjeme a mí que me ocupe de mis propios intereses.**

Los monarcas, lejos de parecer dioses, ya son unos ciudadanos más.

LA VUELTA Y CONSECUENCIAS

Cuando amanece, buena parte de los vecinos de Varennes incitan a los oficiales de la Asamblea que entren y se lleven a la familia a París. Es otro símbolo del cambio: los ciudadanos ya no se fían de su rey, del cual sospechan que puede asociarse con Austria con tal de salvar la monarquía.

Y, sí: a las ocho de la mañana del 22 de junio, los oficiales de la Asamblea Nacional *invitan* a Luis XVI y su pequeño séquito a montar en su carruaje y acompañarlos a la capital. Durante este regreso, que dura tres días, los ánimos se van calentando en contra de la familia real, que si ya era impopular, ahora flota sobre ellos una palabra ominosa: «traidores». En la Asamblea, el Club de los Cordeliers ya pide, abiertamente, la instauración de la República, un asunto hasta ahora tabú. Una petición popular, firmada por 30 000 personas, la avala.

En la tarde del 25 de junio, la comitiva real entra en París. Una multitud enrabietada los espera. La Fayette había ordenado recibirlos con silencio: «Quien aplauda al rey será azotado, quien lo

María Antonieta, delfina de Francia (1772), óleo de François-Hubert Drouais (retoque digital).

Regreso de la familia real a París, 25 de junio de 1791. Grabado coloreado (Museo Carnavalet, París).

insulte será ahorcado», es la consigna. Cuando llegan a las Tullerías a las diez de la noche, reina el silencio. Unas fuentes dicen que se respeta. Otras, que la ira de la multitud estalla, que la turba agita el carruaje, que meten las manos por la ventana, que agarran a la reina, a quien solo la intervención de algún oficial salva de morir despedazada. Quizá esta versión resulte más estimulante.

Los reyes vivirán un año más en las Tullerías, ahora ya abiertamente prisioneros. Aunque Luis XVI jura –obligada– fidelidad a la Constitución el 14 de septiembre, nadie se cree ese gesto. Es un rey felón, el símbolo y síntoma de los malos, viejos tiempos. Los acontecimientos van girando en su contra, hasta que la tarde del 13 de agosto de 1792, el rey de los franceses es arrestado de manera oficial y encarcelado en la torre del Temple. Se revoca su inmunidad y es juzgado. La mañana del 21 de enero de 1793, Luis Capeto –así le decían los revolucionarios– es llevado al cadalso, donde la guillotina le secciona el cuello. María Antonieta conservará intacto el suyo 248 días más.

Meses antes, Luis XVI había ordenado enviar 20 000 libras a Jean-Baptiste Sauce como reconocimiento por su cariñoso desempeño durante aquella célebre noche en Varennes.

NAPOLEÓN ESCAPA DE ELBA Y ASALTA PARÍS

O CÓMO ESCAPAR DE UNA PRECIOSA JAULA DE ORO

Desde luego, esta no es una escapada al uso. De hecho, hay quien no la considera una fuga como tal. Pero si no lo fue, lo pareció; y, en cualquier caso, su importancia fue tal que merece la pena figurar en estas páginas. Napoleón Bonaparte, que vivía apartado del mundanal ruido europeo en esta preciosa isla, aprovechó la confianza de los ingleses para volver a Francia y seguir planteando batalla... Hasta el fin.

📍 Isla de Elba, Italia.
----------------->

📅 26/2/1814
<----------------

💡 Napoleón Bonaparte y unos 1150 soldados a su servicio.
----------------->

🔍 Vigilando: laxamente, el Estado británico.
<----------------

❓ Fue el inicio del canto del cisne de Napoleón, los Cien Días.

LEIPZIG, 19 DE OCTUBRE de 1813. Napoleón Bonaparte da la orden de retirada de sus tropas en la Batalla de las Naciones. La Sexta Coalición infringe unas 60 000 pérdidas en el ejército napoleónico; ellos han perdido 90 000 hombres. Ha sido una auténtica carnicería. Quizá eso no le importe al Pequeño Cabo y piense solo en las consecuencias que acarreará esta derrota. Porque las tendrá.

LA ABDICACIÓN

Y no son inmediatas, pero llegan pocos meses después. Las tropas de Rusia, Austria y Prusia llegan a las puertas de París y derrotan a los hombres –muy jóvenes, tras la última y apresurada leva– que dirige José

Bonaparte, el 31 de marzo de 1814. Cuando Napoleón llega a la capital, advierte que sus mariscales –hartos ya de él– no le siguen y el ministro Talleyrand ha entregado las llaves de la ciudad al zar Alejandro I. Y entonces comprende que lo mejor es abdicar en su hijo de tres años, Napoleón II. Pero eso no les vale a los vencedores, que le exigen una abdicación incondicional, que no le queda más remedio que firmar. El Senado nombra a Luis Estanislao Javier de Borbón «rey de los franceses, según la voluntad de la nación», con el nombre de Luis XVIII.

Pero aún queda más sal en la herida para el Pequeño Cabo.

EL TRATADO DE FONTAINEBLEAU

Porque las potencias aliadas pretenden quitarse de una vez por todas de en medio al general corso. Y le imponen a él, el hombre que quiso dominar Europa, una dolorosa rendición. Se reúnen los representantes de ambos lados en Fontainebleau y surge un tratado que habrá de firmar. Entre sus principales puntos, estos:

En la página anterior: *Napoleón abandona la isla de Elba, el 26 de febrero de 1814* (1836). Óleo de Joseph Beaume. Bajo estas líneas: *Napoléon firma su abdicación en Fontainebleau, el 11 de abril de 1814* (1843). Óleo de Gaetano Ferri y François Bouchot (retoque digital).

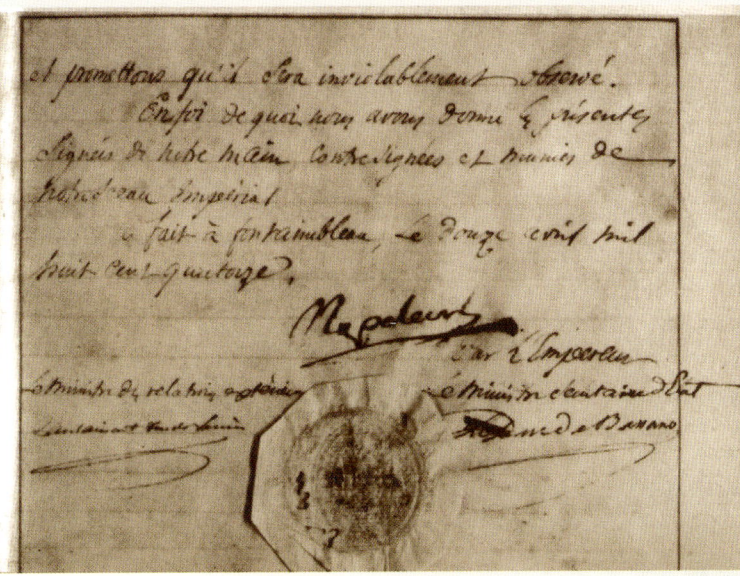

Primera abdicación de Napoleón, firmada el 12 de abril de 1814.

- **Napoleón I renuncia, para sí y para su familia, a todos los derechos de soberanía sobre el imperio francés y sobre cualquier otro país.**
- **Sin embargo, el emperador Napoleón y la emperatriz María Luisa conservarán estos títulos para disfrutarlos durante toda su vida.**
- **Napoleón acepta residir en la isla de Elba, que se constituirá como un principado de la isla de Elba, del cual será soberano.**
- **Se le entregará una renta anual de dos millones de francos.**

Intenta suicidarse. Fue la noche del 12 al 13 de abril, cuando toma un veneno para acabar con su vida; pero este no hace el efecto deseado. Busca, pide más, pero se lo niegan, y su cuerpo sobrevive, aunque le pese. Prefería un final trágico, a la altura de su leyenda. Tantos años de gloria para acabar así: en una preciosa isla italiana, frente a la Toscana, como

Derecha: localización de la isla de Elba.

Camino a Elba

Tras su abdicación, el próximo destino de Napoleón era la costa. Pero, el 20 de abril, antes de partir, ofreció un sentido discurso a sus tropas en el palacio de Fontainebleau.

«Soldados de mi Vieja Guardia, me despido de vosotros. Desde hace veinte años os he encontrado constantemente en el camino del honor y de la gloria. En los últimos tiempos, como en los de nuestra prosperidad, habéis seguido siendo modelos de valentía y fidelidad. Con hombres como usted, nuestra causa no estaba perdida. Pero la guerra fue interminable; habría sido una guerra civil y Francia se habría vuelto más infeliz. Por eso sacrifiqué todos nuestros intereses por los de la patria: me voy».

Sus soldados quemaron las águilas imperiales y lloraron por el adiós de su líder: se acababa una era.

El viaje a la isla de Elba, sin embargo, no resultó un masaje a la autoestima del emperador. Cruzaron el Midi francés, en donde el sentimiento monárquico calaba hondo. Ya cerca de Lyon los «¡vivas!» loaban a los Borbones y a Luis XVIII. En Orange, la población recibió a la comitiva napoleónica con pedradas. Quisieron entrar en Avignon a las seis de la mañana, pero no pudieron: unos centenares de personas fueron a golpear el coche. Peor fue en Orgon: se encontraron con un muñeco de Napoleón, ahorcado, que portaba un cartel en el que se leía:

«Tarde o temprano, este será el fin del tirano».

Y los habitantes de la ciudad los recibieron con gritos de «¡Ahorcadlo!», «¡Acuchilladlo!» o «¡Devuélveme a mi hijo!». Era tan solo una muestra de que los sacrificios que exigía la fiebre militar de Napoleón habían hartado a buena parte de la población. Quien más, quien menos, había perdido un ser querido tras tantas guerras napoleónicas.

Detalle de *Napoleón I, emperador* (c. 1805), de François Gérard.

si fuera un jubilado de oro. Bien mirado, un retiro dorado como todos querríamos. Pero Napoleón no es *todos*: es *él*, y es *único*.

EL DESTIERRO

Mi elección de la isla de Elba se basó en dos factores importantes: las agradables costumbres de sus habitantes y su clima templado. Dedicaré gran parte de mi tiempo a estudiar ambos.

¿Elección? Sí. En realidad, a Napoleón se le había dado a escoger entre Corfú y Elba y elige esta por las razones que menciona en sus memorias; también, suponemos, porque desde su costa se ve, a lo lejos, Córcega, su isla natal. Napoleón llega al puerto de Portoferraio el 3 de mayo, a bordo de la fragata *Undaunted*. Pero tiene dudas: no está seguro de cómo lo recibirán los habitantes de Elba, así que no desembarca hasta

Vista panorámica de Portoferraio.

Caricatura inglesa de la época que muestra a Napoleón desterrado en Elba.

el día siguiente. Se anuncia con 21 cañonazos disparados por la fragata, a los que responden los cañones de la fortaleza de Portoferraio, donde lo reciben un grupo de pequeños burgueses y campesinos. Le dan las llaves de la ciudad y van todos a la iglesia a rezar un *Te Deum*. Hay quien afirma que ven lágrimas en sus mejillas cuando corean su nombre. Bueno, el asunto no va del todo mal.

En Elba tendrá dos residencias, ambas en Portoferraio: la Villa de los Molinos y, en los meses de verano, la de San Martino. Con el paso de los días, va llegando su guardia imperial, compuesta por granaderos, cazadores, artilleros y lanceros polacos. También llegan su madre y su hermana. Si antes su horizonte era toda Europa, ahora es emperador de una pequeña isla, pero dentro de ella se comporta como si nada hubiera pasado, como un auténtico monarca. Sale a navegar con frecuencia por el mar Tirreno y pasa por la vecina isla de Montecristo, que todavía no sabe que Alejandro Dumas la hará famosa unos años después. También cabalga por la isla y sube hasta el punto más alto, desde donde ve Córcega, donde nació. Puede que esto le recuerde mejores tiempos; puede que se sienta un león enjaulado.

EL PRINCIPADO DE ELBA

Elba se constituye, legalmente, como Principado. Los libros de historia lo consideran como un país, de muy corta duración. Allí se comporta como monarca de pleno derecho, y llevará a cabo grandes reformas en solo unos meses. Desarrolla la industria minera mediante la explotación del mármol; lanza un plan para construir puentes y carreteras que conecten los municipios con la capital; audita los recursos de la isla; promueve el cultivo de patatas, la plantación de olivos, moreras y castaños; también la cría de gusanos de seda, para crear una industria textil. En pocos meses, Portoferraio se convierte en una ciudad envuelta en obras, como si la hubiera sacudido un terremoto (Napoleón *es* un terremoto). Se construye un sistema de drenaje subterráneo para evitar que las calles se inunden, se ensanchan las calles, se derriban muros para permitir el paso del carruaje imperial: se mejora el saneamiento público hasta el punto de que quien no disponga de letrina en su casa debe tenerla en el plazo de dos meses.

Se impulsa también la vida cultural y el impetuoso corso dona 1100 volúmenes a la biblioteca municipal de Portoferraio. También, aunque sin pretenderlo, impulsa el turismo en la isla (aún hoy uno de los pilares

La cama de Napoleón en la Villa di San Martino, en Elba.

económicos de Elba): cientos de ingleses visitan la isla deseando ver al ilustre Bonaparte. Y buena parte de toda esta inversión se hace subiendo, y mucho, los impuestos. Para bien o para mal, a los habitantes de Elba les ha cambiado la vida. Es poco territorio para un hombre tan grande.

EL PEQUEÑO CABO QUIERE VOLVER

Con él viven su hermana Paulina y su madre, María Leticia. Su mujer, María Luisa de Austria, no lo sigue hasta Elba, para su disgusto, y se queda con su pequeño hijo Napoleón II, el titulado como «rey de Roma». Esta distancia le resulta lacerante, y no sabe muy bien –nosotros, ahora, tampoco– si se trata de una decisión de la emperatriz o de una imposición de los aliados. Su ex mujer, Josefina, ha muerto a los pocos días de llegar él a la isla. Su amante, la condesa polaca María Walewska, lo visita en alguna ocasión. Pasa mucho tiempo en los jardines de la Villa de los Molinos y conversa con su madre mientas juegan partidas al reversi, un juego de mesa con tablero y fichas.

Recibe también visitas de oficiales franceses y extranjeros, con quienes departe sobre el pasado glorioso. Sus informantes le ponen al día de algún que otro intento frustrado de asesinato de su persona. Y, lo más importante, le llegan noticias de la debilidad de los Borbones en Francia; de lo mucho –ahora que no está– que le echa de menos el ejército, de que los soldados no respetan a Luis XVIII. Este ha jurado la Constitución, pero tanto él como la aristocracia y el clero pretenden recuperar sus antiguos privilegios. Y casi toda la burguesía, los campesinos y cualquier otro sector al que la Revolución de 1789 hubiera beneficiado, se oponía. El clima interno era cada vez más agitado.

Por si aún fuera poco, le llega el rumor de que los británicos han comenzado a formular planes para alejarlo de Francia, a Santa Elena, una remota isla en el Atlántico sur.

Un león enjaulado... Cantos de sirena... Blanco y en botella.

ESCAPAR DE UNA JAULA DORADA

Exacto. No hay que ser muy perspicaz para darse cuenta de que esos rumores son la gasolina que necesita un motor como el de Bonaparte, quizá ya no tan potente como el de antes, pero aún acostumbrado a rugir por encima de la multitud. ¿Por qué no darse otra oportunidad? ¿Por qué

Un granadero de la guardia en la isla de Elba (1820), óleo de Horace Vernet (retoque digital).

no... volver? «Yo soy la causa de las desdichas de Francia y yo soy quien debe repararlas», afirma. ¡Ay del poder absoluto!

Además, el Estado francés ya no le pasa su pensión de dos millones de francos anuales. Eso, piensa, le hace ganarse el derecho de romper el tratado de Fontainebleau, el que *de facto* lo mantiene en el exilio.

Allí en Elba es soberano de una porción nimia de terreno: Francia, en cambio, le reclama, sueña él. En la isla hay un comisario inglés que es el enlace de las grandes potencias y quien dirige el destacamento británico allí presente: Neil Campbell se llama, a quien Napoleón lleva meses pasándole la mano por el lomo: «Ya no existo para el mundo. Soy un hombre muerto. ¡Y soy tan feliz en Elba!». Y Campbell se despreocupa, cree que el pobre hombre (de aún solo 45 años) ya no tiene en mente más que ver cómo transcurren las obras y contar sus batallitas a las visitas. Y Campbell sale cada dos por tres de la isla, camino a Livorno, donde está su amante.

Así que el corso da orden a sus tropas de preparar su salida. Será el 26 de febrero. Tiene a su disposición unos 1150 hombres, más los que le esperan en Francia. Todos los preparativos se ejecutan con discreción, pero sin secretismo. Los soldados británicos son testigos, pero Napoleón está en su

Regreso de Napoleón desde Elba (1818), óleo de Charles de Steuben.

Napoleón abandona la isla de Elba el 28 de febrero de 1815 (c. 1852) óleo de Ambroise-Louis Garneray, que muestra el encuentro del *Inconstant* con el *Zéphir*.

isla, a veces sale a navegar y, además, ¡el jefe está con su querida! No se sienten obligados a echar el alto.

La noche previa a la partida, Napoleón concede una fiesta en su mansión. El siguiente será un día grande. En sus memorias, Fleury de Chaboulon, secretario de Bonaparte, recuerda así el día del adiós a la isla de Elba:

«Toda la población, una multitud de mujeres, niños y ancianos, se dirigieron enseguida a la orilla y ofrecieron las escenas más emotivas. Rodeaban a los fieles compañeros del exilio de Napoleón y se disputaba el placer, el honor de tocarlos, verlos, abrazarlos una última vez [...]. A las ocho de la tarde un cañonazo dio la señal de partida. Hubo mil dulces abrazos [...]. Napoleón, al poner el pie sobre su navío, exclamó como César: *¡La suerte está echada!* Su faz estaba en calma, su frente serena; parecía menos preocupado por el éxito de su empresa que por los medios de alcanzar su objetivo».

Una pequeña flota lo espera para partir hacia Francia: el bergantín *Inconstant*, donde se sube con 500 hombres de su guardia; el jabeque *Etoile* y 5 barcos mercantes. A las 19 h, y con un cañonazo de despedida, Napoleón dice adiós a Elba con unas últimas palabras:

Volveré, compañeros míos; ¡os confío a mi madre y a mi hermana!

LE RETOUR DE L'ÎLE D'ELBE.

Grabado coloreado de la época que representa la llegada de Napoleón a Golfe-Juan.

EVASIÓN Y... ¿VICTORIA?

Aunque de Elba, donde lo respetan, haya salido a pecho descubierto, Napoleón y sus tropas han de ser más prudentes en mar abierto. Curiosamente, Neil Campbell había salido de Livorno (más al norte, camino a Francia) casi a la par en la corbeta *Partridge*.

La mañana siguiente, la tripulación de *Inconstant* otea, a lo lejos, unas velas. Para ganar velocidad y virar mejor, hunden y sueltan la gran barcaza que remolca el *Inconstant*. Se aprestan para la lucha, pero, para su sorpresa, el *Partridge* se escora y pone su proa hacia la Toscana. Lo más sensato y menos romántico es pensar que la flotilla no resultaba visible porque los británicos estaban deslumbrados por los reflejos de los rayos del sol en el mar.

Horas después avistan dos corbetas con bandera francesa. Ya piensan que alguien les ha traicionado, que su misión se ha descubierto, que la batalla va a ser sin testigos, en el mar mudo, sin los patriotas que les esperan en tierra. Pero tampoco los detectan: quizá haya sido la neblina baja de la tarde. Eso, o el destino, que llama a la puerta.

Sí que se cruzan con un barco francés, el *Zéphir*, de lealtad monárquica, al que no les queda más remedio que saludar: los capitanes, además, se conocen. «¿Cómo está papá? (el emperador)». «¡De maravilla!»,

Desembarco de Napoleón en Golfe-Juan el mediodía del 1 de marzo de 1815 (c. 1815). de Carl-Heinrich Rahl.

responden, y cada cual sigue surcando su camino. Sí, debe de ser el destino, pero mejor que no apuren más.

El mediodía del día 1 de marzo, Napoleón llega a Golfe-Juan, entre Antibes y Cannes. La evasión se muta en asalto.

EL VUELO DEL ÁGUILA

Entre la realidad (sobre todo) y la leyenda (instigada por el propio corso) se cuentan los siguientes días, en los que las tropas napoleónicas llegaron a París «sin pegar ni un solo tiro». Ese camino se llamará «El vuelo del Águila», ya que, en palabras de Napoleón, «El Águila –el estandarte de su ejército– volará de campanario en campanario hasta las torres de Notre-Dame». A partir de ahí, comienza un memorable viaje, repleto de incidentes, de seis días y 324 km. Tanto que, casi desde entonces, se ha transformado en una popular ruta

El águila imperial de Napoleón, emblema de sus tropas.

turística (y, sobre todo, ciclista), apadrinada por el Estado francés, que transita, como nuestros napoleónicos, a través de la Costa Azul, la Provenza y los Alpes hasta Grenoble, donde el mismo Napoleón se da cuenta, con seguridad, del clamor popular que lo acompaña. «Antes de Grenoble era un aventurero; en Grenoble era un príncipe», afirma.

Poco antes de llegar a la ciudad alpina, otro de los grandes hitos napoleónicos. La leyenda dice que, cerca de la localidad de Laffrey, Napoleón se encuentra al batallón del 5.º Regimiento, enviado para arrestarlo. El Pequeño Cabo ordena a sus tropas que bajen sus armas, y espeta a los de enfrente, mientras se abre la pechera:

> **¡Soldados! Soy vuestro emperador. ¿No me reconocéis? Si hay alguno de vosotros que quiera matar a su general, ¡aquí tenéis mi pecho!**

Un oficial monárquico da la orden de abrir fuego... pero no se oye ninguno. La *grandeur* es cosa del emperador, eso lo tendría que haber sabido el oficial. Tan solo escuchamos la algazara de sus soldados, que se abalanzan sobre el Napoleón al grito de *Vive l'empereur!*

De allí hasta París, un baño de masas continuo, porque Napoleón es visto –más como esperanza que como realidad– el único garante hacia el progreso, para que la Revolución no caiga en saco roto. Otro episodio épico sucede cuando el mariscal Ney –antiguo oficial de Napoleón, que había jurado a Luis XVIII devolverle a Bonaparte en «una jaula de hierro»–, al mando de 6 000 hombres para detener su marcha, se inclina ante el corso y se une a su columna.

"AVANT GRENOBLE J'ETAIS AVENTURIER
A GRENOBLE J'ETAIS PRINCE"

N

LE 7 MARS 1815
AU RETOUR DE L'ILE D'ELBE

NAPOLEON IER

EMPEREUR DES FRANÇAIS
FAIT SON ENTRÉE A GRENOBLE
PAR LA PORTE DE BONNE

Una placa en la antigua Porte de Bonne de Grenoble recuerda la llegada de Napoleón.

Los Cien Días

La salida de Luis XVIII de París el 20 de marzo de 1815 supuso el comienzo de lo que, con el tiempo, se dio a conocer como los Cien Días. En su camino hacia París se había querido mostrar como un nuevo Napoleón, más político y menos militar: promesas de reforma y de un gobierno constitucional, que era lo que la mayoría del pueblo quería (y lo que temía de la monarquía). En tres meses aprobó una nueva Constitución, que dio a Francia un parlamento bicameral (la Cámara de los Pares, hereditaria, y la de los Representantes, elegidos), así como la libertad de prensa.

Exilio de Napoleón en Santa Elena (1820), obra de Franz Josef Sandman.

Sin embargo, las grandes potencias europeas no se fiaban nada de esta vuelta al poder de quien había sido su azote hasta un año antes. Estos países lo tenían claro: había que volver a las armas contra Napoleón y formaron una nueva, y última, alianza: la Séptima Coalición.

Napoleón intentó disuadir a Austria y al Reino Unido de formar parte de esa entente contra él, pero sin éxito. Así que el corso se dio cuenta de que la mejor forma de frenar a sus enemigos era atacando antes que ellos, que se iban concentrando en la frontera con Bélgica, a las órdenes del duque de Wellington. Así, el 15 de junio, el ejército napoleónico y las tropas de la Séptima Coalición empiezan la contienda. Es el inicio de la batalla de Waterloo, acaso la más famosa y comentada de la historia, que acaba con la derrota francesa. Esta le condujo a abdicar en su hijo Napoleón II el 22 de junio. Un brindis al sol, ya que su hijo, además de ser un niño, estaba prisionero.

El 8 de julio embarcó hacia un exilio voluntario en Estados Unidos, pero unos barcos ingleses capturaron su nave y, sin llegarle a dejar pisar tierras británicas, lo llevaron hasta la isla de Santa Elena, en medio del océano Atlántico. Allí morirá el 5 de mayo de 1821.

No hay marcha atrás (no todavía). El 20 de marzo, Napoleón llega victorioso a París. Unas horas antes, Luis XVIII sale espantado de la capital, rumbo a Bélgica.

Empiezan entonces los Cien Días. La rueda de la historia no para; nosotros, casi, nos detendremos aquí.

HENRY BROWN: FUGA EN UNA CAJA DE CORREOS

EL ESCLAVISMO, UNA MÁQUINA DE FUGAS

A mediados del siglo XIX, Estados Unidos estaba partido en dos: los estados del norte y los del sur; estos últimos se distinguían por promover la esclavitud, su motor económico. Un sistema cruel que trataba a los negros como simples herramientas de producción. Este maltrato propició multitud de fugas de las haciendas blancas, con mayor o menor fortuna. Esta que aquí contamos es, probablemente, la más singular de todas.

📍 Richmond, Virginia, Estados Unidos.
---------------->

📅 29/3/1849
<----------------

💡 Henry Brown, esclavo en el sistema sudista norteamericano.
---------------->

🔍 Los esclavos no podían huir, ya que eran una propiedad más de sus amos.
<----------------

❓ La fama de esta fuga, curiosamente, impidió otras similares.

EXISTE EN INGLÉS una frase hecha: *to think outside the box*. En una traducción directa, «pensar fuera de la caja». A menudo estamos tan encerrados en nuestra realidad que necesitamos abstraernos, salir de ella, pensar como si no fuésemos nosotros, como si acabásemos de llegar al mundo. La experiencia es un grado, pero la ligereza, también. A veces, nuestros árboles no nos dejan ver el bosque. Todo eso.

El Diccionario de Cambridge define así la citada frase: «Pensar con imaginación, utilizando ideas nuevas en lugar de otras tradicionales o esperadas». Eso fue, literalmente, lo que hizo Henry Brown: *pensar fuera de la caja*, metiéndose en ella.

RECTION OF HENRY BOX BROWN AT PHILADELPHIA.
d from Richmond Va. in a Box. 3 feet long 2½ ft. deep and 2 ft wide.

EL ESCLAVISMO Y EL CORREO

Al principio fue el correo. Antes que las redes sociales, antes de toda esta panoplia de ¿información? que nos asola, mucho antes de que una noticia cruzase el planeta en milésimas de segundo, era el correo el que marcaba la velocidad, los latidos del mundo. El ritmo no era de semifusas, sino de pesadas redondas. El correo eran hombres que cruzaban vastas extensiones de terreno, en carros tirados por caballos. En Estados Unidos, muy vastas. Tanto que merecía la pena que esos hombres fuesen esclavos, a los que había que alimentar, pero al menos –algo es algo– no había que pagar. Reducción de costes, siempre se ha hecho, para eso siempre ha existido imaginación y falta de vergüenza. El sudor de los negros no cuesta, o tan solo el combustible que los mueve, las calorías convertidas en agua y vapor de agua, todo muy sostenible.

¡Ah! Pero en el pecado va la penitencia.

En 1802, el director general de Correos escribió una carta a un senador de Georgia, un estado esclavista por excelencia, cuya economía descansaba, descaradamente, en la mano de obra barata:

Las grandes fincas del sur de los Estados Unidos que empleaban esclavos consistían, principalmente, en plantaciones de tabaco y de algodón.

Primera iglesia bautista completamente negra de Richmond. Allí podían reunirse los esclavos negros, con la condición de que tanto la dirección como el pastor fueran blancos.

«Los esclavos más activos e inteligentes se emplean como mensajeros [...]. Viajando día a día y mezclándose con la gente a cada hora, se irán informando. Aprenderán que los derechos de un hombre no dependen de su color. Con el tiempo, se convertirán en maestros para sus hermanos [...]. Un hombre capaz entre ellos, percibiendo el valor de este trabajo, podría trazar un plan que sería comunicado por sus mensajeros de ciudad en ciudad y produciría una reacción general y unida contra ustedes».

Es decir, el correo lleva información, la información, conocimiento, y el conocimiento, una reacción. CONSECUENCIA: los esclavistas consiguieron en el Congreso la prohibición de que los esclavos llevasen el correo. Mejor que nos cueste un poco más que la posibilidad de que se nos caiga el edificio.

Sin embargo, la mecha estaba ya encendida y no iban a poder parar el proceso. Se podían poner puertas al campo (de plantación), pero no a las sacas de correos *envenenadas* con propaganda abolicionista. Estos activistas inundaban de folletos, de periódicos, el sistema postal,

La esclavitud en Estados Unidos

Hasta el 1 de enero de 1863 (cuando se abolió oficialmente) en Estados Unidos la esclavitud estaba permitida. Dependía, eso sí, de la decisión de cada Estado. Unos se declaraban libres y otros (los del sur, especialmente) esclavistas. La esclavitud se estableció como una institución legal en cada una de las Trece Colonias (los primeros asentamientos británicos, que proclamarían su independencia en 1776), desde 1619. Con la llegada de la Ilustración, el asunto de la esclavitud se fue convirtiendo, cada vez más, en un punto de enfrentamiento entre norte y sur, de tal manera que fue el principal motivo que desencadenó la sangrienta Guerra de Secesión (1861-1865). La célebre Constitución de 1787 definía a los «ciudadanos libres» como iguales en derechos y obligaciones; sin embargo, los negros carecían de la consideración de ciudadanos en los Estados esclavistas, agrupados en el sureste del país. Los consideraban un elemento imprescindible para el sustento de su economía.
En 1850, el Congreso aprobó una Ley de Esclavos Fugitivos que ordenaba que todos los esclavos fugitivos, tras ser capturados, fueran devueltos a sus esclavistas y que los funcionarios y los ciudadanos de los estados libres debían cooperar. Se redactó para contentar a los estados esclavistas, pero no hizo sino aumentar la polarización en el país.

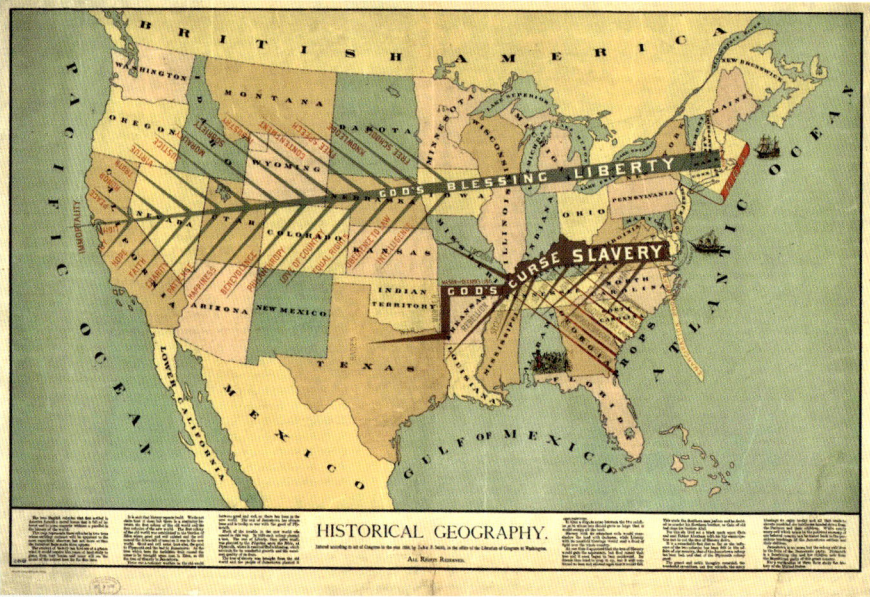

Mapas para una nación emergente, diseñado en 1888 por John F. Smith, para ilustrar los Estados donde se prohibió la esclavitud («Libertad: bendición de Dios») y donde se promovió («Esclavitud: maldición de Dios»).

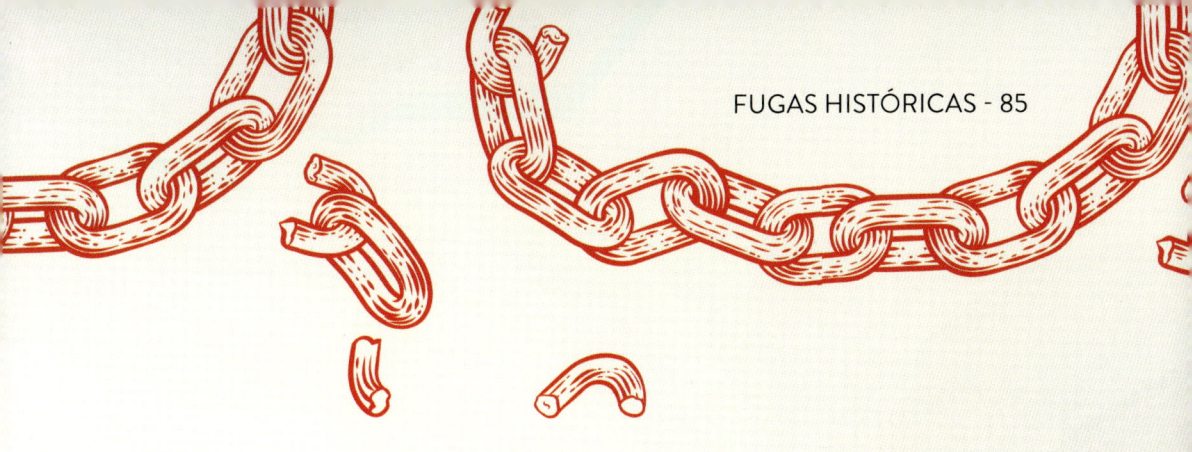

mediante el cual hacían llegar a sus simpatizantes en el sur las *nuevas ideas* –si es que la igualdad fuera una nueva idea–, que repartían a los votantes sureños y a los hombres y mujeres esclavizados que pasaban por las ciudades. Así animaban a los negros a levantarse contra el sistema. Mensajes incendiarios que dificultan la convivencia, denunciaban en el Congreso los políticos sureños.

LA VIDA DE UN ESCLAVO

En este clima nace en 1815 (o quizá 1816, nadie se toma la molestia de registrarlo en condiciones), en una plantación algodonera de Virginia, Henry Box, hijo de esclavos, destinado a vivir y morir como esclavo.

«Nací como esclavo, en medio de un país cuyos escritos más respetados declaran que todos los hombres tienen derecho a la libertad, pero no había impreso en mi cuerpo marca alguna que pudiera significar que mi destino iba a ser el de un esclavo. Tampoco hubo ningún ángel a mi lado, en el momento de mi nacimiento, para entregar mi cuerpo, por la autoridad del cielo, para que fuera propiedad de un semejante; no, pero yo era esclavo porque mis compatriotas habían hecho legal, en absoluto desprecio de la voluntad declarada del cielo, que los fuertes se apoderaran de los débiles y los compraran y vendieran como bienes comercializables. Así nací como esclavo; tiranos, implacables, desprovistos de religión y de todo principio de humanidad, estuvieron junto al lecho de mi madre y cuando entré al mundo, antes de que yo hubiera hecho nada para perder mi derecho a la libertad, extendieron sus brazos ensangrentados y me marcaron con la marca de la esclavitud, y por esos medios me convertí en su propiedad».

Narrativa de la vida de Henry Box Brown.

Brown pasa sus primeros años con su familia, esclavizados por John Barret, un ex alcalde de Richmond. Cuando ese muere, Henry pasa a ser propiedad de uno de los hijos. La familia se separa, desplazados a una u

> 66 El correo postal estaba cada vez más extendido y su uso, cada vez mayor. Una preocupación para los esclavistas, que temían que la propagación de ideas «contaminase» a sus siervos negros: la censura informativa para evitar revueltas ha sido una 99 constante en la historia de la humanidad.

otra plantación de los diferentes hijos (aunque una de las hermanas se queda en la plantación original, como amante del hijo mayor). Dirá: «Mi madre fue separada de su hijo menor, y solo después de haber rogado con mucha piedad que se lo devolvieran, se le permitió darle un abrazo de despedida, antes de tener que dejarlo ir para siempre. Esta clase de tortura es mil veces más cruel y bárbara que el uso del látigo que lacera la espalda; estas pueden sanar, pero los dolores que desgarran el alma como consecuencia de la ruptura forzosa de los lazos paternos y familiares más queridos, solo se hacen más profundos y punzantes, a medida que la memoria trae a una mayor distancia los actos horribles que los han producido».

En 1836, Brown se casa con Nancy, una mujer propiedad de otro esclavista y juntos tienen tres hijos. La familia se une a la Primera Iglesia Bautista Africana, donde Brown canta en el coro de la iglesia. Hasta entonces, se consideran, hasta cierto punto, unos afortunados: sus amos han sido bondadosos con ellos, a veces oyen barbaridades de otros.

Sin embargo, al salir de la iglesia, empiezan a oír historias. Cada cual cuenta la suya; algunas son duras de escuchar. Otros hablan de folletos y periódicos que han caído en sus manos, que hablan de igualdad, de derechos. Al parecer, en el norte las cosas no son como aquí; al parecer, existe otro mundo. Lo que aprende uno por ahí.

El Ferrocarril Subterráneo

Si hablamos de escapar, pocas organizaciones a lo largo de la historia como esta. Sus orígenes se remontan hacia 1780; por entonces no recibía ese nombre (los ferrocarriles ni siquiera existían), pero el sentimiento abolicionista empezaba a extenderse por Estados Unidos. Era una asociación de personas que ayudaba a los negros esclavizados en los estados sudistas a fugarse

Cabalgando hacia la libertad: esclavos fugitivos (1862), óleo sobre cartón de Eastman Johnson.

de los hogares de sus «dueños». Estaba constituida por negros libres que vivían en los estados no esclavistas del norte, y también por abolicionistas blancos y otros simpatizantes de la causa. El objetivo principal de esta red era proporcionar los recursos e infraestructura suficientes a los negros esclavizados para que pudiesen cruzar la frontera canadiense, en la mayoría de los casos (otras rutas llevaban a México y a las islas caribeñas donde no existía el comercio de esclavos).

Los estudios actuales cifran que entre 100000 y 500000 personas se escaparon de la esclavitud gracias a la intervención del Ferrocarril Subterráneo. Esta era tan solo una manera simbólica de llamar a la red, que guardaba su propia terminología: los esclavos escapistas eran conocidos como «pasajeros»; quienes les ponían en contacto con el ferrocarril, los «agentes»; los guías eran los «revisores» y los escondites eran las «estaciones». Canadá, asimismo, era conocida como «la Tierra Prometida» o «el cielo».

La ley obligaba a los estados libres a capturar a los esclavos fugados de los estados esclavistas. De hecho, había quien se ganaba la vida como cazador de esclavos. La red proporcionaba puntos de encuentro, rutas secretas, transporte y casas seguras. Otras ayudas consistían en proporcionar trementina u otras sustancias para evitar que los perros de los esclavistas rastreasen su olor, o falsificar documentos que «certificasen» que eran esclavos manumitidos.

Cuando el presidente Abraham Lincoln firmó la Proclamación de Emancipación el 1 de enero de 1863, el Ferrocarril Subterráneo perdió, afortunadamente, su razón de ser.

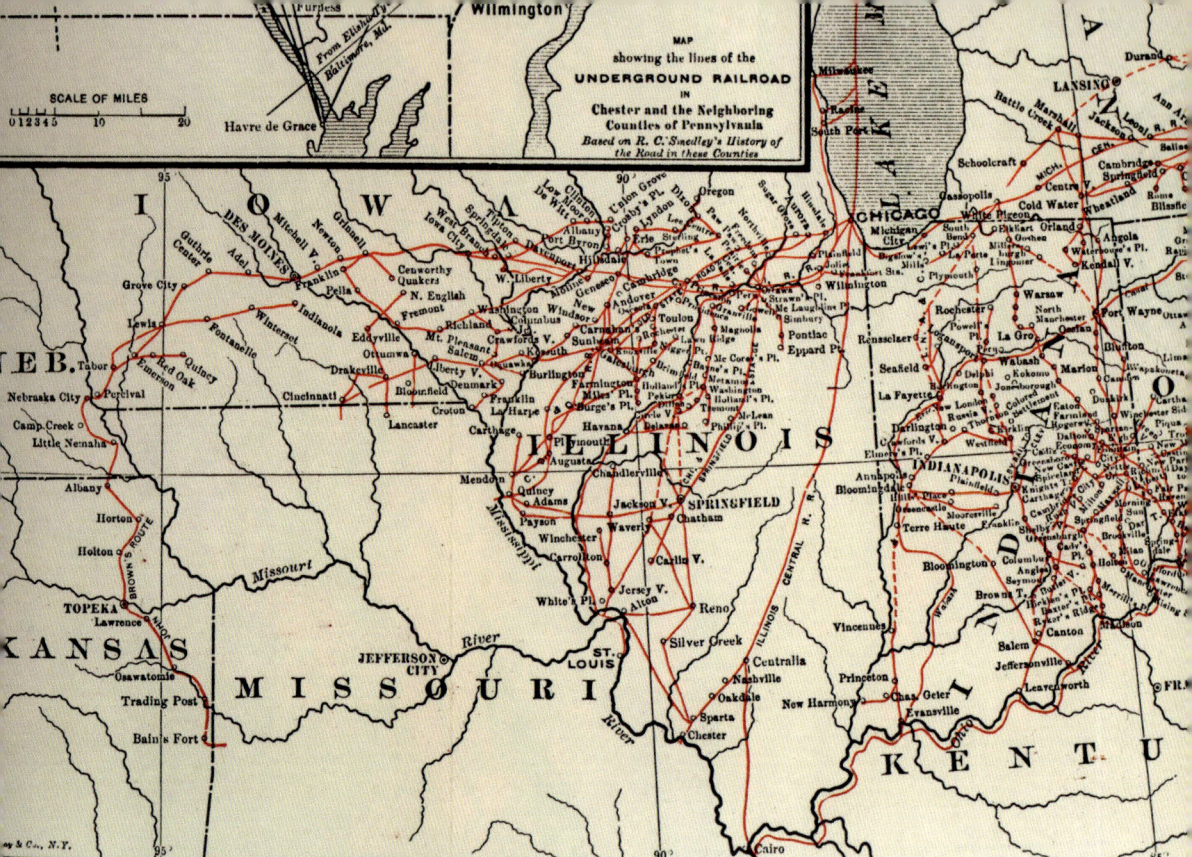

Mapa del Ferrocarril Subterráneo (1898), donde se trazan algunas de las rutas más comunes.

COMERCIO DE HUMANOS

El mundo parece avanzar en la dirección correcta, pero poco a poco, muy poco a poco. Mientras la esclavitud sea legal, quien no tenga escrúpulos contará con el respaldo para hacer lo que le plazca con sus esclavos. Nancy cambia de dueño en varias ocasiones, aunque hasta ahora han conseguido salvaguardar la unidad familiar. Sin embargo, un día, mientras está trabajando en la fábrica de tabaco, alguien le informa: «Han sacado a tu esposa y tus hijos de la casa, los han enviado a la subasta y han sido vendidos; ahora, permanecen en prisión, listos para partir mañana hacia Carolina del Norte con el hombre que los ha comprado». Fuera de sí, Henry vuelve al hogar y, en efecto, se lo encuentra vacío. No hay nadie, ni nada. No solo se han llevado a su familia, también todos los muebles para venderlos. Henry recuerda las palabras que, días antes, pronunció el amo de su mujer: «Dinero necesito, y dinero tendré». Y ellos son carne convertible en dólares.

En unas horas, Henry mueve cielo y tierra para que alguien recompre –esa es la cruel, otra más, palabra– a su mujer e hijos, antes de que se

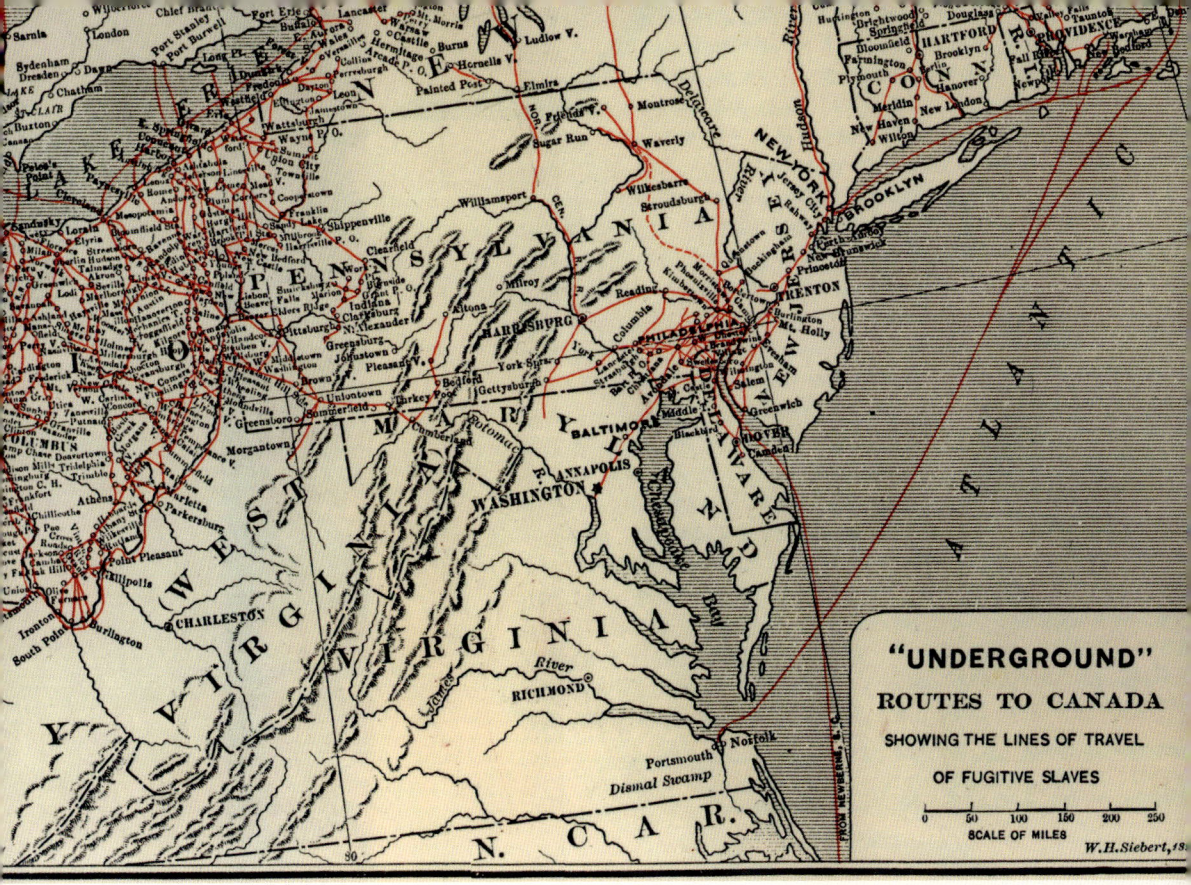

los lleven definitivamente a Carolina del Norte, su destino. Habla con
su amo, intenta que sea él el comprador, pero este le dice que nada
puede hacer, que entre sus esclavos encontrará otra esposa. Así nos
las gastamos en Virginia. ¿Cómo sobrevivirán los unos sin los otros?
Mientras medita esto, recibe un mensaje: si quiere verlos y despedirlos
por última vez, el cargamento de esclavos subastados pasará por una
determinada calle. Rápido, se dirige hacia allí, a tiempo para ver un
reguero de 350 esclavos, tras el ministro metodista que los ha comprado.
No le cuesta identificar a su esposa e hijos:

> «Marchaban con cuerdas alrededor de sus cuellos y grilletes en sus
> brazos, y, aunque en ese sentido la escena no era muy nueva para mí, sin
> embargo, la peculiaridad de mis propias circunstancias hizo que asumiera
> la apariencia de un horror inusual. Esta caravana estaba acompañada por
> unos carros cargados con niños pequeños, que desgarraban el aire con
> sus gritos y vanos esfuerzos por resistir la separación a la que así se les
> obligaba y las cuerdas con las que estaban atados; pero ¿qué vería ahora
> en el carro más adelantado sino un niño pequeño mirándome y gritando
> lastimeramente: *¡Padre! ¡Padre!*».

Los abolicionistas del Norte lanzaron campañas de miles de ejemplares de periódicos y folletos antiesclavistas, como el Anti-Slavery Record. Este de aquí es uno de ellos.

Si lo hubiera visto ir hacia su tumba, no habría sentido un dolor mayor. Encuentra a su mujer y le permiten ir a su lado durante seis kilómetros, en los que apenas alcanzan a decirse algo; no les salen las palabras. Ella está embarazada del cuarto hijo. ¿Qué se puede decir en esos momentos?

Se despiden, para siempre.

UNA IDEA ILUMINADA

Henry pasa varios meses llorando su destino y el de los suyos. Y llega a la conclusión de que algo tiene que hacer para revertir su suerte. Sabe que su vida habría sido totalmente distinta de haber nacido unos kilómetros más al norte. Hay que ir al norte.

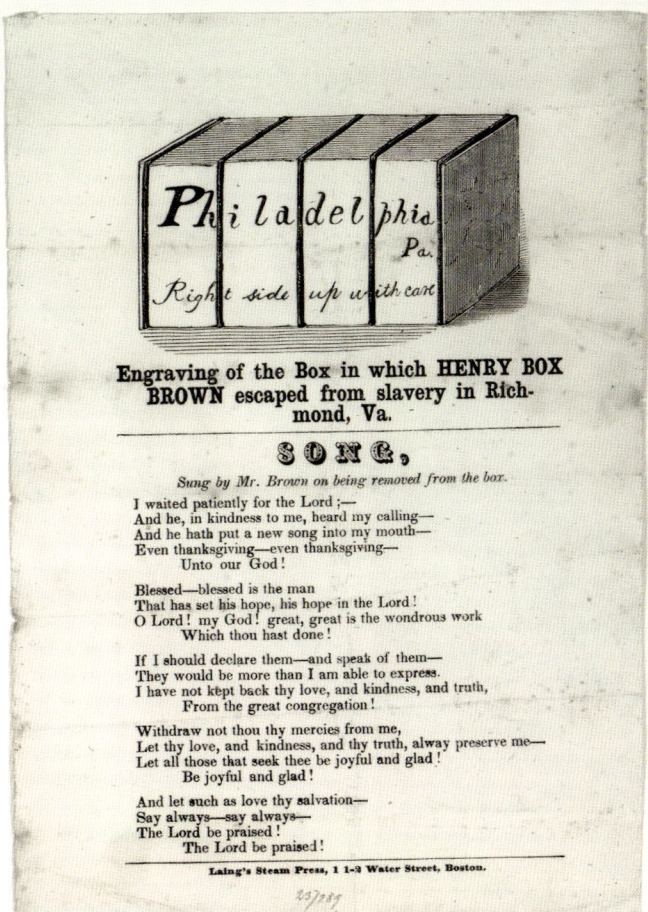

Engraving of the Box in which **HENRY BOX BROWN** escaped from slavery in Richmond, Va.

SONG,

Sung by Mr. Brown on being removed from the box.

I waited patiently for the Lord ;—
And he, in kindness to me, heard my calling—
And he hath put a new song into my mouth—
Even thanksgiving—even thanksgiving—
Unto our God !

Blessed—blessed is the man
That has set his hope, his hope in the Lord !
O Lord ! my God ! great, great is the wondrous work
Which thou hast done !

If I should declare them—and speak of them—
They would be more than I am able to express.
I have not kept back thy love, and kindness, and truth,
From the great congregation !

Withdraw not thou thy mercies from me,
Let thy love, and kindness, and thy truth, alway preserve me—
Let all those that seek thee be joyful and glad !
Be joyful and glad !

And let such as love thy salvation—
Say always—say always—
The Lord be praised !
The Lord be praised !

Laing's Steam Press, 1 1-2 Water Street, Boston.

En este folleto de 1849 está impresa la letra de una canción que Henry Brown supuestamente cantó tras salir de la caja.

Henry traba amistad con James C. A. Smith, un hombre negro libre y miembro del coro de la iglesia, quien le pone en contacto con Samuel Alexander Smith, un zapatero blanco, simpatizante abolicionista (aunque con trabajadores esclavizados). Este acepta ayudar a Brown a escapar por un precio: 86 dólares (unos 3 000 dólares actuales), la mitad de los ahorros de Henry. Ahora, tan solo, queda pensar en el cómo.

Lo importante es que hay resolución y hay dinero. La manera ya surgirá... O no. Pasan las semanas y no acuerdan nada que les convenga a todos. A Henry no le asusta nada: prefiere morir en el intento a quedarse quieto. Y es un buen día, tras rezar a Dios Todopoderoso, cuando le llega una iluminación. Lo ve claro: se encerrará en una caja y hará que lo transporten como mercancía a un estado libre. Dios aprieta, aunque no ahoga (aunque eso de ahogarse está por ver).

Un anuncio de Adams & Co's Express, la empresa que se encargó del porte de la caja de Henry Brown.

ESCAPE ENCAJADO

Con la complicidad de ambos Smith delinea el plan. El zapatero será el remitente de la caja y el encargado de encontrar un receptor, así como de acompañar al paquete. Visita Filadelfia para consultar a los miembros de la Sociedad Antiesclavista de Pensilvania y consigue la ayuda del comerciante cuáquero Passmore Williamson. En Richmond, un carpintero hace una caja a su medida, sin levantar sospechas.

Ahora queda lograr cierta libertad de movimientos para no llamar la atención con los preparativos; y, sobre todo, para que cuando falte a su trabajo no den la voz de alarma enseguida. Henry tiene que acudir a diario a la fábrica, pero puede conseguir una baja si demuestra que no puede trabajar. Como desde hace unos días tiene un dedo dañado, se lo muestra al jefe de la fábrica. Este le despacha rápido: así puedes trabajar. Al día siguiente, Henry le pide a su amigo Smith un poco de ácido sulfúrico, que arroja –quizá demasiado– sobre el dedo. El ácido le corroe la carne hasta llegar a los huesos. Al menos, eso acaba por convencer al capataz impasible.

No hay tiempo que perder. A las 4 de la madrugada del día siguiente, 29 de marzo de 1849, quedan para preparar «el paquete». Lo enviarán mediante la empresa Adams & Co's Express, famosa por su eficiencia y discreción. Nada de envíos baratos. La caja mide 0,91 x 0,81 x 0,61 m y

fuera luce las palabras «productos secos». Antes de entrar en el interior –forrado de *cómoda y mullida* bayeta– practican tres pequeños agujeros con una barrena. Antes de entrar, Henry se provee de esta misma herramienta –por si el aire no es el suficiente– unas galletas y un poco de agua. La esperanza viene de serie.

¿Listo para la batalla por tu libertad, Henry? Sus amigos clavan la tapa –¿caja o ataúd?– y lo llevan a la oficina de expresos. Nada más llegar, alguien da la vuelta a la caja, mientras clava algo un extremo. Es ahí cuando se da cuenta de que el zapatero Smith no lo acompaña: ¿cobardía o traición? Queda al albur de la delicadeza de los estibadores de cajas.

Un carro de caballos lo lleva hasta el barco de vapor en el río Potomac, hasta la ciudad de Washington. De aquí, a Filadelfia. En cada traslado, un incidente. Se salva de morir ahogado –aprieta y casi ahoga el Señor– y asfixiado, exceso de sangre en la cabeza.

«En esa terrible posición tuve que permanecer casi una hora y media, que, por los sufrimientos que tuve que soportar, me pareció una eternidad, pero estaba olvidando la batalla de la libertad y estaba decidido a vencer o morir. Sentí que mis ojos se hinchaban como si fueran a estallar de sus órbitas, y las venas de mis sienes estaban terriblemente distendidas por la presión de la sangre sobre mi cabeza. En esta posición traté de llevarme la mano a la cara, pero no tenía fuerzas para moverla; sentí que me corría un sudor frío que parecía ser una advertencia de que la muerte estaba a punto de terminar con mis miserias terrenales, pero como temía incluso eso, menos que la esclavitud, decidí someterme a la voluntad de Dios».

En una ocasión, se salva porque escucha a unos pasajeros que están cansados y deciden dar la vuelta a una caja para sentarse. Su caja, por fortuna, o porque los cielos escuchan sus plegarias.

Los traslados entre los distintos medios de transporte resultan muy delicados, puesto que tratan a la caja con cierta rudeza y dentro va un material frágil. Las vértebras de su espalda a duras penas resisten las caídas y los golpes, que además ha de sufrir en silencio. Hasta que oye una frase que es música para sus oídos: «Estamos en el puerto y en Filadelfia». Llevan la caja a un depósito y, unas horas después, alguien pregunta por un paquete para un tal Passmore Williamson. Montan

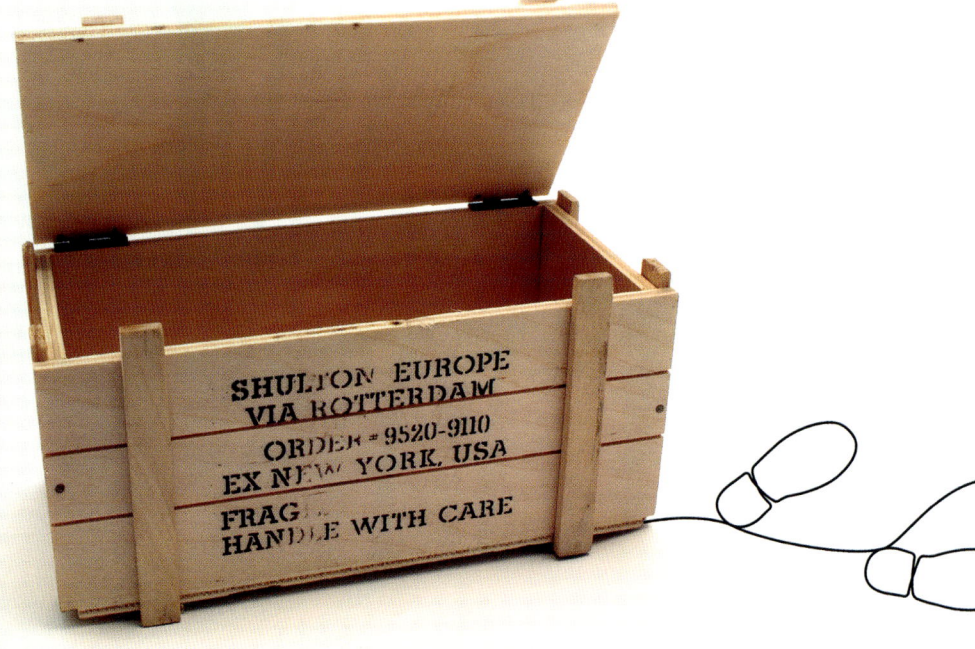

la caja en un carro y Henry siente cómo lo portan hasta un domicilio, esta vez con más cuidado. Cuando, al final, los mozos de carga lo dejan en la habitación de una casa, escucha a una serie de personas alrededor de la caja.

—Golpeemos la caja y veamos si está vivo.

—Hola, ¿está todo bien ahí dentro?

Entrada para una función de Henry Box Brown, en 1868.

Desde dentro de la caja se oye un tenue «Estoy bien». Henry está al límite de sus fuerzas. Excitados, los amigos abolicionistas abren la caja, no sin dificultad. Entra la luz a raudales en el interior y Henry se levanta: es una resurrección. Pero el entumecimiento, la incorporación rápida que deja la cabeza sin apenas sangre y –por qué no– la emoción, hacen que se desmaye de inmediato.

Cuando se despierta, comprueba que la alegría de los allí presentes es comparable a la suya.

UN NUEVO AMANECER

Al poco de comenzar su nueva vida –como ser humano igual en derechos– Brown se convirtió en un conocido orador de la Sociedad Antiesclavista de Massachusetts. Allí pronto lo apodaron Box («caja») y pasó a ser conocido como Henry Box Brown. Para ganarse la vida con su fama montó, junto a su amigo James C. A. Smith, un panorama móvil (una pintura con diferentes capas móviles) mediante el cual contaba su azaroso viaje y la vida cotidiana de los esclavos.

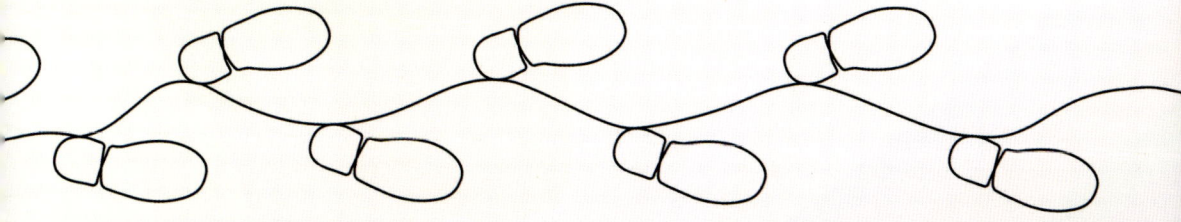

Programa de mano del profesor Brown para una función de 1878.

También publicó su autobiografía, centrada especialmente en su exitosa fuga: *Narrativa de la vida de Henry Box Brown* se publicó en 1849, con una gran acogida, pero también con polémica. Su caso era digno de ser sabido, sí, pero al descubrir los pormenores de su escape impidió que otros esclavos utilizaran ese método de huida: los esclavistas del sur se pusieron en alerta, los pasos que dio Henry ya estaban bajo sospecha. Es más: cuando el zapatero Samuel Smith intentó liberar a otros esclavos en Richmond, en 1849, fueron arrestados. Un buen ejemplo de aquella lapidaria frase: «El camino al infierno está pavimentado de buenas intenciones».

Otro punto oscuro, otra mancha en el expediente del héroe, ocurrió al año siguiente, cuando el dueño de su esposa e hijos lo contactó para ofrecerle la «recompra» de su familia. Brown rechazó la oferta, lo que dejó estupefactos a los abolicionistas.

El goteo de fugas era cada vez mayor, y las presiones de los esclavistas condujeron a la aprobación, en 1850, de la Ley de Esclavos Fugitivos, que obligaba a los estados libres a cooperar en el arresto y devolución de los negros que se refugiasen en su territorio. Este revés legal provocó que Brown empacase sus maletas, rumbo a Inglaterra. Él era ya una figura pública, a la par que un huido, y se sentía inseguro.

En tierras europeas, Brown volvió a ejercer de conferenciante y retomó su espectáculo del panorama móvil. Y, en un notable acto de reinvención, empezó una carrera como mago, hipnotizador y prestidigitador: se hacía llamar Profesor H. Box Brown o El Príncipe Africano. En su muestrario de números no podía faltar, por supuesto, el de escapismo de una caja.

Se volvió a casar en 1855 y formó una nueva familia, a la que integró en sus espectáculos y vivió entre Inglaterra y Canadá. Realizó algunas actuaciones en Estados Unidos, ya tras la Guerra de Secesión. Que se sepa, su antigua familia no acudió a ninguna.

La familia Craft

La tragedia de la esclavitud ha dado a la historia grandes fugas. A la altura de la de Henry Brown está la de Ellen y William Craft.

Ella era hija de una esclava mestiza, que a su vez tuvo un hijo con el dueño de su plantación. Genéticamente, Ellen era 3/4 partes de ascendencia blanca y tenía rasgos propios de los caucasianos. Cuando la hija mayor de los dueños (y su media hermana) se casó, se la dieron como esclava para alejar de la casa la prueba de ese incesto.

Años después se casó con William Craft, en la finca de sus dueños. Ambos guardaban sueños de libertad y tenían un as en la manga que sabían que podrían utilizar: la apariencia de mujer

Grabado que representa a Ellen Craft en el libro *El Ferrocarril Subterráneo, de la esclavitud a la libertad* (1898), de Wilbur Henry Siebert.

blanca de Ellen. Y así hicieron. En diciembre de 1848 ambos montaron en un tren con destino a Filadelfia, para no volver. Pero no de cualquier manera. Ellen iba disfrazada de hombre (vestida con traje y chaqueta, pelo corto y teñido) y William hacía las veces de su sirviente. Era la mejor manera de no llamar la atención, puesto que hubiera resultado escandaloso que una mujer blanca viajase a solas con su esclavo negro.

Durante aquel tenso viaje, se movieron en trenes de primera clase y se alojaron en los mejores hoteles. Ellen incluso cenó con comensales de la alta sociedad, pero siempre con una mano en cabestrillo y con la excusa de estar ligeramente enferma. Eso le servía como escudo ante dos hechos que la hubieran señalado: como esclava, no sabía leer ni escribir (aprender estaba castigado con pena de muerte).

No sin sobresaltos llegaron a Filadelfia el día de Navidad de 1848, y se convirtieron en figuras públicas. Sin embargo, y al igual que Henry Brown, la Ley de Esclavos fugitivos de 1850 los convirtió en prófugos, en dianas de los cazarrecompensas. De hecho, su antiguo dueño mandó a dos de ellos a Boston para recuperarlos. Con la ayuda del Comité de Vigilancia de Boston consiguieron escapar, como Brown, hacia Inglaterra. Tras la Guerra de Secesión volvieron al país, donde fundaron una granja en 1873 para educar y emplear a los libertos.

Parte II

FUGAS DE PELÍCULA

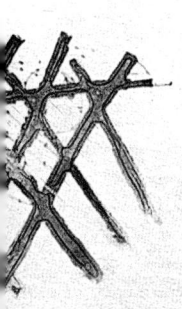

EL SIGLO XX ES EL DE LA EXTENSIÓN DEL CINE COMO ENTRETENIMIENTO UNIVERSAL DE MASAS. Y, NO PODEMOS NEGARLO, LAS FUGAS RESULTAN DE LO MÁS FOTOGÉNICO PARA EL SÉPTIMO ARTE. AQUÍ DAMOS CUENTA DE LEGENDARIAS HUIDAS MÁS RECIENTES QUE, EN SU MAYORÍA, EL CINE SE ENCARGÓ DE INMORTALIZAR: FUGAS PARA LEER, FUGAS PARA VER.

JOHN DILLINGER: ROBAR, HUIR, ROBAR, MORIR

LAS FUGAS DEL ENEMIGO NÚMERO 1 MÁS GENUINO DE LA HISTORIA

Uno de los bandidos más célebres de la historia de Estados Unidos, que sigue generando multitud de libros y películas casi un siglo después de su muerte, no podía faltar en este capítulo. Porque, además, fue un escapista de primer nivel, que burló en numerosas ocasiones el cerco de la ley, sobre todo en una fuga que la leyenda se ha encargado de dotar de misterio.

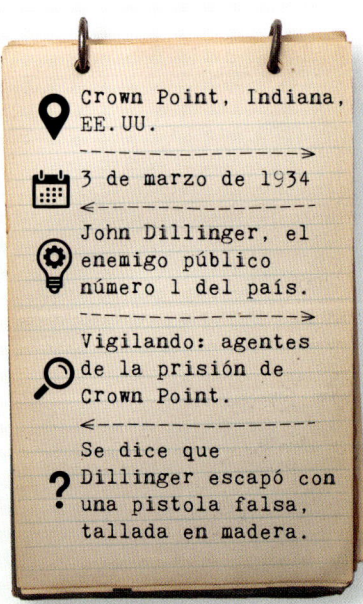

Crown Point, Indiana, EE. UU.

--------------->

3 de marzo de 1934

<---------------

John Dillinger, el enemigo público número 1 del país.

--------------->

Vigilando: agentes de la prisión de Crown Point.

<---------------

Se dice que Dillinger escapó con una pistola falsa, tallada en madera.

FÍJESE EL LECTOR en el hombre que nos mira desde la página derecha. En su mirada desafiante, en su media sonrisa torcida. La primera podemos probar a imitarla, pero para lograrlo antes deberemos sortear mil y una veces –o unas decenas, si no queremos abusar de la retórica– a las fuerzas de la ley, saber por experiencia que el león no es tan fiero como lo pintan o, mejor, que el león somos nosotros. Quizá entonces logremos algo parecido y triunfemos donde otros –actores, políticos– han sido derrotados. La otra, la sonrisa, nos pondrá en similares apuros a la hora de clonarla. Ese bigotillo, esas arrugas en las mejillas, la inclinación perfecta sobre la horizontal –la hemos medido: 11 grados– no son producto de un cálculo, sino pura chulería de delincuente de éxito, del que sabe que gana al mes cien, mil veces más que el fotógrafo que te encuadra al otro lado de la cámara. Tú no llegas a fin de mes y estás amargado.

Y yo soy John Dillinger.

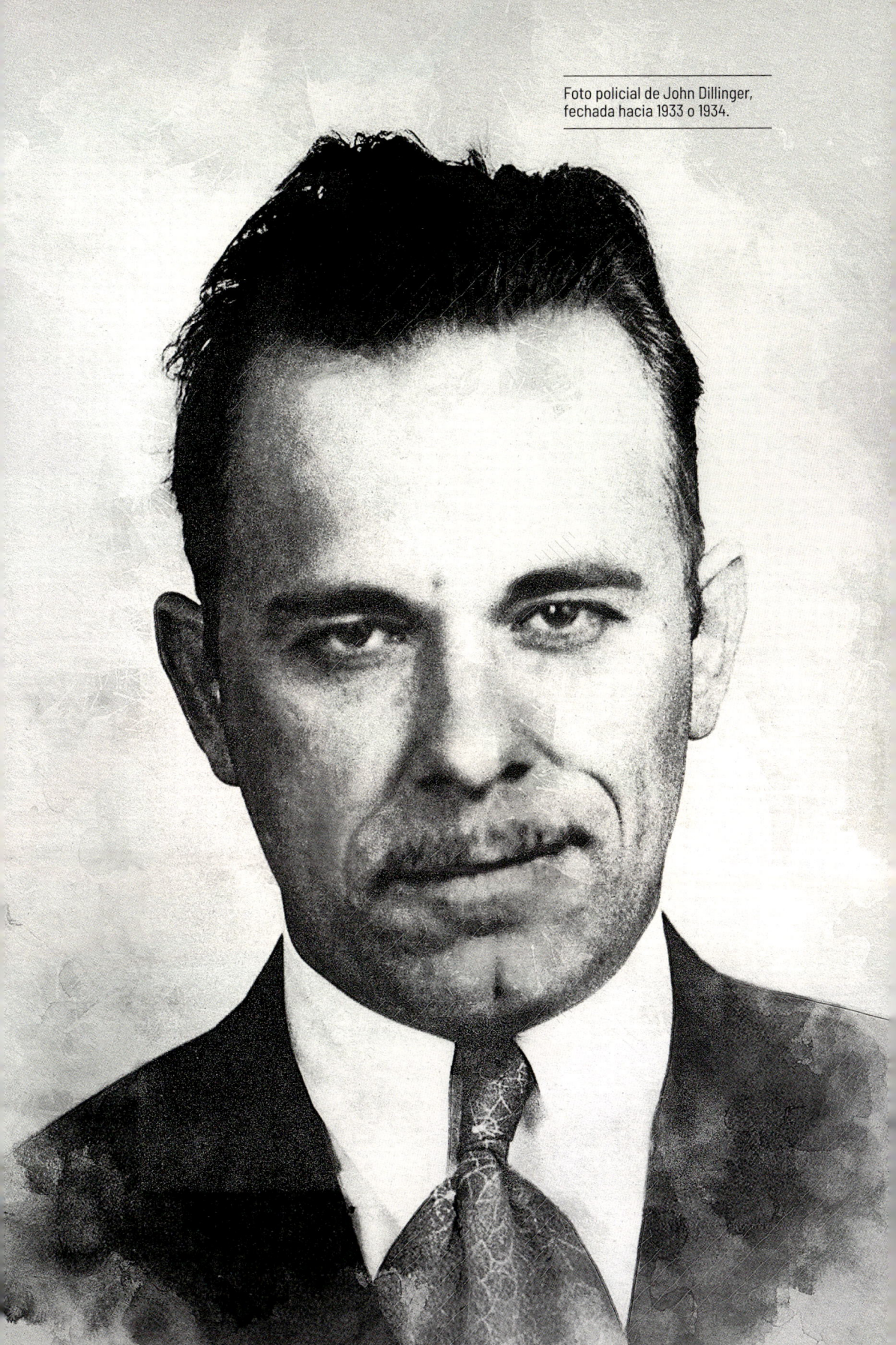

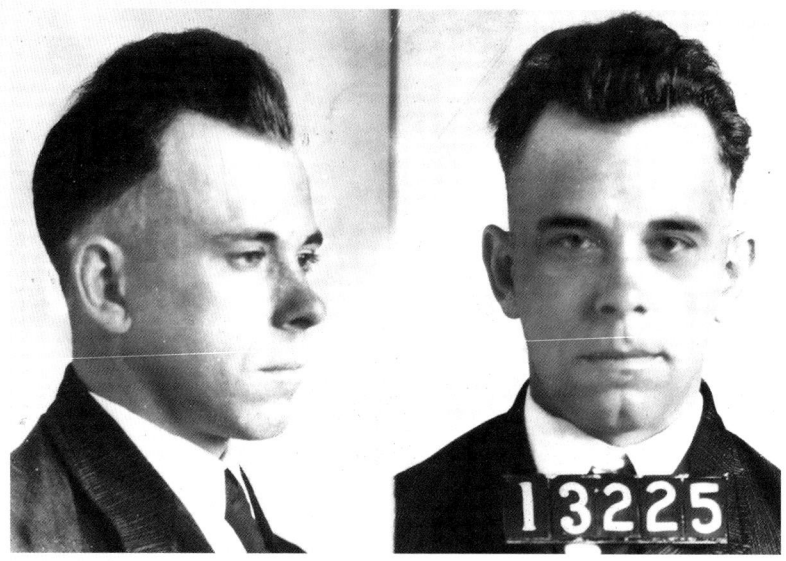

Foto policial de John Dillinger en 1924. Esa sonrisilla del reo 13 225 aún estaba en camino.

LOS ORÍGENES DEL DELINCUENTE

John Herbert Dillinger no fue siempre tan bravucón. Por ejemplo, el día en que nació, el 22 de junio de 1903, en Indianápolis, no era más que un tierno e inocente bebé, como todos los demás, como usted, como yo. Su historia estaba por escribir, su hoja de ruta, sin paradas. La primera importante, quizá, se escribe cuando su madre, Mollie, muere poco antes de cumplir él los cuatro años. Pero no, su padre no es borracho, ni alcohólico, ni lo detesta, ni le pega más que la media de los violentos –padres de los– años treinta. Su hermana mayor se ocupa de él y cuando su padre se vuelve a casar en 1912, también lo hará su madrastra, con la que no acaba de congeniar. Como tantos otros. Algo empieza a torcerse, de manera natural, en el joven John. Puede que no sea como usted o como yo, tan de confianza.

Se empieza a buscar líos: peleas, hurtos, se mete más de la cuenta con los niños pequeños. Es un matón; deja la escuela. Su padre lleva a la familia a un pueblo del campo, a ver si el ambiente rural purifica al chico, seguro que es la ciudad el que me lo ha hecho así. Pues tampoco, señor John Dillinger sénior. El chaval, con 19 años –ya es un hombre, la verdad– se gana su primera detención por robo de automóviles. La relación padre-hijo se tensa. Ante esas, un clásico: mejor te vas a la Marina, a ver si te reforman. Nada que hacer con el Dillinger júnior: deserta a los pocos meses y le dan de baja con deshonra. El mar tampoco calma sus ansias... de lo que sea.

Se casa en 1924 con una adolescente de 16 años: ¡deprisa, deprisa! Sigue acelerando tras su viaje de novios: planifica un robo junto con su colega Ed Singleton, el matón oficial del pueblo. Esas cosas nunca salen bien: roban en una tienda de comestibles de Mooresville y se llevan 50 dólares (unos 1 000 dólares actuales). Durante el robo, Dillinger golpea a una víctima en la cabeza con un trozo de metal y lleva una pistola que, aunque se dispara, no alcanza a nadie. Pero los identifican al salir y pronto son detenidos.

Su padre le convence de admitir su culpabilidad, cree que así le darán la condicional; pero no sirve de nada. Te lo dije, papá, te lo dije. Lo declaran culpable de asalto y agresión con intención de robar y conspiración para cometer un delito grave, y recibe sentencias conjuntas de dos a 14 años y de 10 a 20 años en la prisión estatal de Indiana. No se lo esperaban. En un traslado para declarar consigue escapar durante unos minutos. Es una aperitivo para lo que habrá de llegar. Porque, antes, la sobremesa será larga: le esperan nueve años de cárcel.

LA CÁRCEL

Algunos salen de la cárcel mejores de lo que entraron. Otros no, otros entran diciendo *Seré el cabrón más malvado que hayas visto cuando salga de aquí.* La citamos, claro, porque es de Dillinger. Suena a profecía autocumplida, quizá porque lo es, lo será. En prisión se junta con lo más granado del crimen del estado de Indiana: nombres como Harry «Pete» Pierpont, Charles Makley, Russell Clark o Homer Van Meter, tipos que ya habían ocupado portadas de periódicos (y que las habrían de ocupar aún más). Si alguien le quiere exculpar con eso de las «malas compañías», que se lo ahorre: es una elección, lo lleva dentro. Es más: durante su condena estudia, sí. ¿Qué? Las «modernas» técnicas de Herman Lamm el ladrón de bancos más sofisticado que haya visto Estados Unidos. Dos de los miembros de su banda son encerrados –Lamm se suicida en 1930, cuando se vio rodeado de policías– en la prisión de Indiana y se lo enseñan todo. La cárcel afina a los más irreductibles.

Si bien durante los primeros meses Dillinger intenta escapar en un par de ocasiones, no lo logra. Cuando cuaja su pandilla de tipos duros –y locos por salir y volver a delinquir– idean un escape a base de sobornos a unos cuantos guardias. Ya tienen algunas armas, han elegido el lugar

Los Felices Años Veinte, la Ley Seca y la Gran Depresión generaron en Estados Unidos toda una industria del crimen. La metralleta Thompson, con su singular tambor circular, es uno de los objetos más icónicos de aquellos tiempos.

para esconderse después de la fuga y han escogido el momento adecuado. Y, sin embargo, a Dillinger se le cruza, quizá por última vez, el camino de la salvación. Su padre –esa figura enternecedora, desde la distancia– le ha conseguido la libertad condicional. Ha reunido 188 firmas de ciudadanos convencidos de que el otrora joven Dillinger ya ha pagado su deuda y estaría mejor libre, con un trabajo, reintegrándose en la sociedad. No es mal plan, y el 10 de mayo de 1933 sale. Nos gustaría engañarnos, pero en unas semanas John los defrauda a todos –*no soy yo, es que el mundo me ha hecho así*– y comete su primer robo a un banco. Cumplida la autoprofecía.

JOHN HERBERT DILLINGER

On June 23, 1934, HOMER S. CUMMINGS, Attorney General of the United States, under authority vested in him by an Act of Congress approved June 6, 1934, offered a reward

$10,000.00
for the capture of John Herbert Dillinger or a reward of

$5,000.00
for information leading to the arrest of John Herbert Dillinger.

DESCRIPTION

Age, 32 years; Height, 5 feet 7-1/8 inches; Weight, 153 pounds; Build, medium; Hair, medium chestnut; Eyes, grey; Complexion, medium; Occupation, machinist; Marks and scars, 1/2 inch scar back left hand, scar middle upper lip, brown mole between eyebrows.

All claims to any of the aforesaid rewards and all questions and disputes that may arise as among claimants to the foregoing rewards shall be passed upon by the Attorney General and his decisions shall be final and conclusive. The right is reserved to divide and allocate portions of any of said rewards as between several claimants. No part of the aforesaid rewards shall be paid to any official or employee of the Department of Justice.

If you are in possession of any information concerning the whereabouts of John Herbert Dillinger, communicate immediately by telephone or telegraph collect to the nearest office of the Division of Investigation, United States Department of Justice, the local addresses of which are set forth on the reverse side of this notice.

JOHN EDGAR HOOVER, DIRECTOR, DIVISION OF INVESTIGATION, UNITED STATES DEPARTMENT OF JUSTICE, WASHINGTON, D. C.

June 25, 1934

John Dillinger en un cartel de *Se busca*, fechado el 23 de junio de 1934.

PRIMERA FUGA

Un verano loco el de 1933. En realidad, un poco más, unos meses locos. Entre el 21 de junio de 1933 y el 30 de junio de 1934 se documentan 12 robos a bancos de lo que se dará a llamar la Banda de Dillinger o la Banda del Terror. Un año para demostrar su valía como ladrón... y como asesino. Se nos ocurren mejores planes de vida, pero estamos en la Gran Depresión, falta el trabajo... Pero no: a tipos como Dillinger no les hacen falta excusas de tanto rango histórico.

En agosto, un nuevo robo, en el estado de Ohio. Esta vez lo detienen y lo mandan a la cárcel del condado de Allen, en la ciudad de Lima. Allí permanece dos meses. El 12 de octubre, cuatro hombres uniformados de policías de Indiana se presentan en las dependencias de la prisión, quieren hablar con el *sheriff*. Hemos venido para devolver a Dillinger a la prisión estatal de Indiana por violar su libertad condicional. Cuando este les solicita sus credenciales, Pierpont (nadie se cree que esos tipos sean lo que no aparentan, ni ustedes ni mucho menos aquel pobre hombre) lo mata a tiros y luego saca a Dillinger de su jaula. El cuarteto, ahora quinteto, pone pies en polvorosa y regresa a Indiana, donde los espera el resto de la banda.

SEGUNDA FUGA

Esta segunda parte de sus andanzas criminales resulta más radical, si cabe. A estas alturas ya está considerado el enemigo público número 1 (tomando el relevo de Al Capone, que había sido encerrado en 1931) y resulta un tema de conversación frecuente en cualquier tertulia que se precie. En aquel tristemente ocioso Estados Unidos (en pleno New Deal del presidente Franklin D. Roosevelt, para hacer frente a la Gran Depresión), hay quien considera a Dillinger como un moderno Robin Hood, aunque esté muy lejos de repartir su botín. Pero, al menos, tiene las agallas de robar a quienes provocaron la crisis, piensan muchos. Él hace lo que nosotros no sabemos, se dicen.

Su *modus operandi* lo había aprendido de Lamm:

- Eligen un banco de una localidad más bien pequeña y estudian sus horarios y movimientos.
- Eligen un día. Por lo general, asaltan cinco bandidos y otro espera afuera con el auto en marcha (un potente Ford V8, si es posible).
- En el interior, dos hombres retienen a los empleados y al público mientras otros tres vacían las cajas y obligan al director de la sucursal a abrir la gran caja fuerte.
- Poco después, escapan por una ruta decidida con estudio y antelación.

Parece el abecé de cualquier ladrón, pero para 1934 supone emplear las nuevas tecnologías (vehículos y mapas, chalecos antibalas). Este plan les funciona en varias ocasiones, pero no los salva en un infortunio que se les escapa de las manos: un incendio en el hotel donde se aloja parte de la banda los echa a la calle precipitadamente, y los bomberos que acuden a sofocar el fuego los reconocen. Avisan a la policía local, que los detiene. Dillinger también cae, con 25 000 dólares en efectivo, así como un alijo de ametralladoras y varias armas automáticas. Es el 25 de enero de 1934.

El 30 de enero un avión aterriza en el aeropuerto de Midway, Chicago. En tierra aguardan 32 policías armados hasta los dientes. Esperan a John Dillinger, claro. Una caravana de 13 vehículos compuesta por 29 soldados de Indiana está preparada para escoltarlo hasta Crown Point, a 48 km de distancia, para ser juzgado por el asesinato de un oficial de policía durante uno de sus asaltos. Creen que ha sido Dillinger el que disparó.

Crown Point, se jacta la policía local, es un lugar inexpugnable, dotada de una seguridad extra por la entidad de su huésped, a la espera de juicio. Pero no cuentan con defensa contra la magia oscura. O algo

Tras el fin de Dillinger, su novia Frechette continuó en la cárcel hasta 1936 y luego rehízo su vida. Ana Sage fue deportada a Rumanía, igualmente. Los célebres delincuentes Bonnie y Clyde fueron abatidos tan solo dos meses antes que Dillinger.

parecido es lo que hace Dillinger, si la leyenda es cierta. Un conejo sacado de la chistera, como poco. Con paciencia y una hoja de afeitar, el delincuente talla un pedazo de madera –hay quien dice que una barra de jabón; otros, basados en una entrevista con su abogado, que fue este quien le proporcionó un arma de verdad– hasta darle forma de revólver, que pinta con betún de zapatos. Seguro que hay imitaciones mejores, pero cuando el oficial que le lleva su ración de comida, ve que Dillinger lo amenaza con ese cacharro, prefiere no comprobar si funciona. ¿Quién osa retar al enemigo público número 1? Este le conmina a abrir la celda, donde encierra a su otrora carcelero y escapa en el automóvil de la *sheriff*. Casualidades de la vida, un potente y recién estrenado Ford V8.

Un detalle este, sin embargo, que acabará por costarle la vida.

ALERTA FEDERAL

En su huida, cruza la frontera entre Indiana e Illinois, rumbo a Chicago. Eso supone violar la Ley Nacional contra el Robo de Vehículos Motorizados, que tipifica como delito federal transportar un vehículo a motor robado a través de la frontera estatal. Es decir, activa a la Oficina de Investigaciones (BOI, el antecedente de lo que al año siguiente sería ya el FBI), con J. Edgar Hoover al mando. Algo parecido a palabras mayores.

Dillinger forma otra banda junto con Baby Face Nelson y otros delincuentes. Quién del gremio no quiere trabajar junto con la nueva leyenda viva del crimen, un icono, un líder, un tipo del que un siglo después se seguirá escribiendo (para muestra, un botón). Para que el club esté completo, Dillinger recupera a su chica, Evelyn Frechette, en el papel de mujer enamorada de un hombre duro con el sistema, pero suave con ella, a la que colma de regalos con su sueldo de malhechor.

La primavera de 1934 será memorable. Se suceden los robos, los tiroteos, la adrenalina: el material con el que están hechas las pesadillas y las películas de Hollywood (llegarán varias). También llega el hartazgo del BOI, que quiere renovarse tras años de corrupción. Hoover va atrapando a toda la caterva de delincuentes que genera la Gran Depresión, pero hay uno que se escapa una y otra vez: sí, el del bigotillo. Para ello, confiere todos los poderes a un agente con fama de sabueso implacable, aunque con rostro funcionarial, casi angelical: Melvin Purvis, fichado como anti Dillinger. Veremos.

CERCO Y FIN DE DILLINGER

El BOI mueve ficha y le levanta la novia a Dillinger. Es decir, la detienen tras un tiroteo no muy lejos de Mooresville, donde la pareja había ido a buscar cobijo bajo la protección –recordemos su sufrida figura– de John Dillinger sénior. Esta falta oscurecerá más el carácter del júnior, quien sin embargo seguirá buscando el contacto con otras mujeres, algo que, como en las películas canónicas del género, le acercará a la perdición. Aunque él solo se bastase.

Chicago es la Ciudad del Viento, pero en verano no se libra del calor, quizá peor que en otros sitios por la humedad del lago Míchigan. Hasta aquí llega en junio nuestro enemigo público, convencido de que en el fragor de una gran ciudad podrá pasar más desapercibido. También ayuda el haberse practicado una serie de pequeñas operaciones estéticas

Espectadores y curiosos en la salida del cine Biograph, el 22 de julio de 1934, poco después de que Dillinger fuera disparado allí por agentes del BOI.

(adiós verrugas y cicatrices, hasta la vista huellas dactilares). Se hace pasar por un tal Jimmy Lawrence, un hampón con cierto parecido al mítico Dillinger, qué le vamos a hacer. Y frecuenta la compañía de una camarera y prostituta ocasional, Polly Hamilton quien a su vez vive con Ana Sage (nombre en América de Ana Cumpănaş, inmigrante rumana), madama de un burdel. Ella no se traga lo de Lawrence; sabe con quién se acuesta, en realidad, su amiga.

Ana Sage/Cumpănaş está desde hace tiempo bajo la amenaza de la deportación a su país de origen, debido a la «baja moral» de su oficio (tan frecuentado por algunos de los que pretenden echarla). Y sabe que puede sacarle partido a esta información. *Quid pro quo*, BOI, *quid pro quo*. Yo os doy lo que queréis, vosotros lo que yo necesito. Contacta con ellos y sellan esa colaboración.

El 21 de julio, Ana telefonea: ella, Polly Hamilton y Dillinger irán al cine la noche siguiente, ya sea al Biograph o al Marbro. También dice que llevará un vestido naranja para que puedan identificarla con claridad. El BOI manda efectivos a ambos cines, no se pueden permitir que se escape. A las 20:30 del día 22, los tres son vistos entrando al cine Biograph. Van a ver *Manhattan Melodrama*, protagonizada por Clark Gable, donde el galán del bigotillo fino y de las orejas operadas hace de gánster. Quizá

Callejón donde fue tiroteado John Dillinger, a una veintena de metros del cine Biograph.

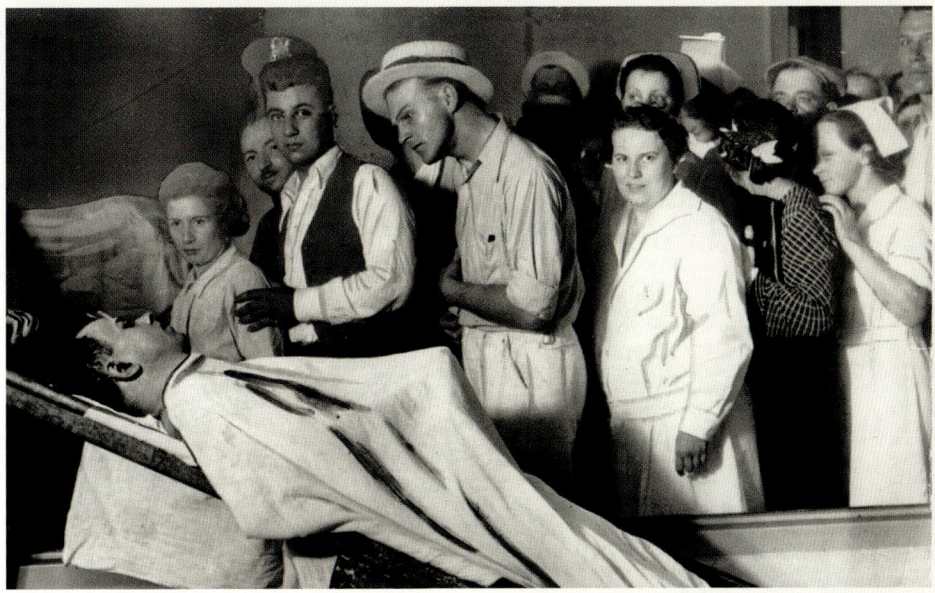

El cadáver de John Dillinger en la morgue del condado de Chicago.

Dillinger disfrute con la proyección, quizá se sienta identificado con algún personaje, no lo sabemos. Es una buena película, en cualquier caso, dirigida por W. S. Van Dyke y George Cukor, dos grandes. En la web IMDb le dan un 7,1 tras casi un siglo de vida, no está nada mal.

A la salida se mantiene junto con sus dos compañeras. A Sage resulta fácil identificarla entre el gentío, tan de betacaroteno. Un hombre se acerca a ella y enciende un cigarrillo muy cerca. Es Purvis, es la señal a sus hombres. Dillinger está en mangas de camisa y con su inseparable sombrero de paja, relajado tras la proyección; pero empieza a notar la turbación de Sage, que se quiere quitar de en medio. Y esos hombres que se van acercando con chaquetas tan largas, ¿quiénes son, qué esconden? ¿Qué está pasando? El mosqueo de Dillinger asciende a alarma, y de la alarma pasa a la acción. Debe de ser la ley, me han encontrado. ¿Le dará tiempo a pensar que lo han vendido? Lo dejamos para luego –si hay luego–, saca una pistola del bolsillo derecho del pantalón y sale corriendo hacia su izquierda, dirección sureste, hacia el gran lago Míchigan. Son apenas 20 metros hasta el callejón más cercano. A esa altura suenan cinco disparos, todos dirigidos al mismo hombre. Tres provocan en Dillinger heridas menores. Un cuarto entra por la nuca, le secciona la médula espinal, pasa al cerebro y sale por debajo del ojo derecho. Así no hay manera de vivir. En realidad, aquella nunca fue una manera de vivir.

PAPILLON: ¿FUGA DE LA ISLA DEL DIABLO?

UN ESCAPE ENTRE LA REALIDAD Y LA FICCIÓN

Convertido en un best-seller, *Papillon* contaba la historia de Henri Charrière, un preso deportado a la Guayana Francesa. Su historia mereció dos películas, una popularidad inmensa, y grandes ingresos al propio Charrière, su autor. Este hombre, alguien único, fue un mago de las fugas... Pero también de la imaginación. ¿Por qué la realidad tiene que arruinar una bonita historia?

📍 Campamento Cascades, Guayana Francesa.
------------------→

📅 18/3/1944
←------------------

⚙ Cinco presos de las colonias francesas.
------------------→

🔍 La vigilancia es laxa, porque los mejores guardias son la selva y el océano.
←------------------

❓ Henri Charrière lo novela en su novela *Papillon*.

JUNTO A ESTAS líneas, una isla tropical remota, hogar de palmeras, cocoteros y rodeada de agua azul turquesa, donde jamás hará falta un jersey y donde tienes todo el tiempo del mundo para descansar, al fin. Cerramos los ojos y casi podemos oler la brisa marina, el salitre, y escuchar el murmullo acompasado de las hojas de las palmas. ¿Qué más podemos desear? Es el sueño –húmedo, también soleado– de millones de occidentales. Podemos desear más. Podemos desear salir de allí cuanto antes, podemos desear –mejor aún– no haber llegado o, directamente, despertar antes de que esto se convierta en una pesadilla. Esto no es el paraíso, el paraíso es nuestro atribulado día a día. Esto es la isla del Diablo, y de allí solo se quiere escapar.

La isla del Diablo, vista desde la isla Real. En la actualidad, ambas, un destino turístico.

LOS MALES DE LA GUERRA

Nuestro nuevo protagonista se llama Henri Charrière y ustedes lo conocerán, a buen seguro, por su sobrenombre: Papillon. Acentuado en la 'o', porque es francés: en este idioma quiere decir 'mariposa'. Charrière también –como era de esperar– es francés: nace en 1906 en el departamento francés de Ardèche. Aunque ya imaginemos que su vida no va a ser un camino de rosas –como la de cualquiera de los protagonistas de estas páginas–, el joven Henri tiene grandes posibilidades de pasar desapercibido ante los ojos de la historia. Sus padres son profesores, una suerte estadística que profetiza una buena enseñanza en un mundo en el que la educación aún no llega a todos. Su padre, Joseph, es de origen modesto pero culto, y su madre, Marie-Louise, es hija de un comerciante adinerado; tiene una excelente educación, toca el piano y borda. En la familia hay otras dos hermanas, mayores, y en el hogar impera un buen ambiente, sano, feliz. Con estas credenciales, ¿qué puede salir mal?

> «La película de mi vida se desarrolla rápido ante mí: mi infancia con una familia llena de amor, educación, buenos modales y nobleza; las flores de los campos, el murmullo de los riachuelos, el sabor de los frutos que nuestro jardín nos regalaba; el aroma de la mimosa que cada primavera florecía delante de nuestra puerta; el exterior de nuestra casa y el interior, con mis actitudes. Todo esto pasa ante mis ojos. Esta película hablada donde escucho la voz de mi pobre madre que tanto me quería, y luego la de mi padre, siempre tierno y acariciador».
>
> Henri Charrière, en *Papillon*.

En la mayoría de las ocasiones, nada saldría mal, o tan mal como para que te recuerden un siglo después. Pero hay sucesos que cambian la historia. Unos pertenecen a la historia de los libros. Por ejemplo, las guerras. Qué malas son. A principios del siglo XX hace décadas que Europa está en paz; pero los periódicos se llenan de proclamas patrióticas que inflaman a la población, que dice que sí, muerte al otro, no nos soportamos, y hordas de ciudadanos se alistan a unos ejércitos que parten alegres hacia una masacre: la Gran Guerra comienza en julio de 1914. No sabemos si Joseph va henchido y orgulloso o no, pero va. Y volverá tres años después, como vuelven los soldados de una guerra: herido de metralla en el cuerpo, y herido de horror en la cabeza. No volverá a ser el mismo.

Otros sucesos pertenecen a la pequeña historia, a la de los diarios de mesilla que se cierran con llave y se ocultan con celo, pero marcan a familias enteras con más profundidad que los de los libros de la gran historia: Marie-Louise muere en 1917, víctima de una enfermedad contagiosa que le transmiten los soldados a los que trata, reconvertida en enfermera. Otro *daño colateral* de la guerra. El casi adolescente Henri no podrá superarlo. Iba para joven listo, travieso y talentoso y se queda en terreno de nadie, varado, sin referentes. Su padre apenas puede hacerse cargo de él.

Arriba, un cartel promocional de los «Pupilos de la nación». Abajo, una panorámica de Saint-Étienne-de-Lugdarès, donde nació Henri Charrière.

Francia le da el título de «pupilo de la nación», como a tantos otros jóvenes menores de 21 años cuyos padres han resultado heridos o muertos durante la guerra.

El profesor Joseph Charrière (arriba a la izquierda) con sus alumnos y Henri Charrière (fila inferior, quinto por la izquierda).

EL JOVEN PROBLEMÁTICO

Un adolescente temperamental, resentido, sin padres a la vista, a cargo del Estado. Mala mezcla, que lo conducirá por caminos revirados, con esquinazos, que ofrecen falsos atajos. Baste una muestra: lo expulsan de su centro de estudios tras una fuerte pelea. Para evitar procesos judiciales y sofocar este temperamento rebelde, su padre le hace alistarse al ejército. Los militares pondrán firme a este chico, piensa él, como tantos otros padres equivocados a lo largo del tiempo.

Pero no. Ese será un año perdido, que acaba abruptamente cuando se hace machacar un pulgar en una construcción. El mejor recuerdo que le queda de esa época va a ser un tatuaje que le harán en el pecho, un símbolo de libertad: una mariposa, una *papillon*.

Vuelve a su vida cotidiana endurecido y carcomido por el rencor. Con 19 años regresa a Ardèche hecho un rufián, hábil con los puños, rápido con los dedos, un aspirante a matón. Espabilado como es, se alza como el cabecilla de los tipos duros de la zona, de los que consiguen las cosas por las buenas o por las malas, de los que dan y reciben golpes, de los que beben más alcohol que agua. Cliente habitual de burdeles, *usuario* de las mujeres que se venden para sobrevivir, tanto que se acaba por convertir en un proxeneta, camino de la perdición. Aun así, para complacer a su padre, se presenta a unas oposiciones de administración en las que –siempre hemos dicho que inteligente, lo es– consigue plaza; pero su expediente militar, que refleja su comportamiento, le impide entrar. Ardèche no me quiere, piensa el dolido Henri. Pues me van a conocer en París. Allí sabrán quién soy.

PARÍS, BAJOS FONDOS

La capital cambia el terreno de juego, pero él es el mismo pícaro encantador, o desgraciado hampón, según el día y a quién le preguntes. Conoce a una chica, la hermosa Nénette, ambos van tirando en lo económico, pero son sin duda el alma de cualquier fiesta. Él es un personaje único, un producto de los felices años 20, un granuja feliz, un pillastre, pero también un hombre culto, capaz –por ejemplo, ya veremos– de escribir unas buenas memorias.

Pero el maleante le echa un pulso al simpático vividor, y gana. En 1930 se ve implicado en el tiroteo mortal de Roland Legrand, un proxeneta. Este, antes de morir, afirma: «Me disparó Papillon Roger». Y, como en las películas, exhala su último suspiro. *¿Papillon?* Hay decenas de hombres apodados así en los bajos fondos, tipos duros con corazón. Pero la justicia cae sobre Henri Charrière, sin más pruebas que esa, algún que otro rumor y el testimonio de un dudoso testigo. Lo condenan por homicidio doloso sin premeditación: a trabajos forzados de por vida.

Charrière se declara inocente. Como la mayoría de los de su calaña, cierto. Lo hará toda su vida. ¿Suficiente para creerlo? Es probable que fuera el autor del crimen. Pero incluso el policía encargado de

Arriba, Charrière junto a un vehículo con una mariposa (*papillon*) como logotipo. Derecha, Charrière, retratado en la década de 1970.

El sistema penitenciario francés mantuvo estas prisiones de ultramar durante varias décadas. Las de las islas de la Salvación perduraron hasta 1946. La mayoría de los prisioneros regresa a la Francia continental y otros se establecieron en la Guayana Francesa.

la investigación, el inspector Mayzaud, pensaba que la condena era demasiado severa, que Henri mató sin querer, que era un fanfarrón al que se le fue la mano con otro fanfarrón.

Se acabaron los felices años 20.

LA PRIMERA TENTATIVA

De primeras, lo llevan a la ciudadela de Saint-Martin-de-Ré, donde se agrupa a los prisioneros destinados a ser enviados a las cárceles de las colonias de ultramar. De allí, a la Guayana francesa, al trópico implacable; en concreto, lo destinan, como auxiliar de enfermería –recordemos que su condena es de trabajos forzados– al hospital colonial André Bouron. Allí corre el riesgo de morir contagiado –como su madre, seguro que lo piensa–, pero podría haber sido peor: podrían haberlo destinado a proyectos forestales o agrícolas, en los que el tiempo de supervivencia no suele superar unos cuantos meses. Allí afuera acechan los mosquitos cargados de enfermedades, las alimañas venenosas y las fieras asesinas.

En cualquier caso, en su mente está fugarse. Los presos-trabajadores se cuentan a diario historias de fugas extraordinarias y Henri empieza a planear una. Nada de escapar cruzando la selva, eso parece imposible: hay más selva que fuerzas para cruzarla. Lo que hay que hacer es construir una balsa, lanzarse al océano y esperar que las corrientes –las del agua y las del viento– te lleven hasta una isla no francesa, o mejor, a Venezuela, directamente.

La oportunidad se presenta el 5 de septiembre de 1934. Se fuga junto con un compañero que ya conocía desde Saint-Martin de-Ré. Se echan a la mar en una humilde balsa, pero bastante resistente. Navegan de isla en isla, de playa desierta en playa desierta. Se alimentan de cocos, de peces, de fruta que roban, de alimentos que pueden ir comprando a la población local. Es un viaje extraordinario y muy arriesgado, que dura varios meses, que los hace llegar, entre otras, a las islas de Trinidad y Curazao. Todo acaba casi dos mil kilómetros después, cuando las corrientes les hacen encallar en la costa atlántica colombiana.

Para su desgracia, Colombia no quiere problemas y devuelve a Francia los dos presos fugados. Han sido 98 días gozando de libertad entre el mar y la costa, y 268 fuera del yugo francés. Charrière los da por bien empleados, pero debe aceptar su castigo, el de cualquiera que intente escapar y sea capturado: dos años de reclusión en solitario, en la isla de San José, la más meridional de las tres islas de la Salvación (junto con la isla del Diablo y la isla Real).

PENSAMIENTO Y LOCURA

Desde 1852 (y hasta 1953) estas islas se emplean como una colonia penal. En medio del océano, nadie puede oír tus gritos: es el lugar perfecto para aparcar a los presos más molestos y ejercer una represión sorda y brutal. A esta reclusión se la conoce como la «devoradora de hombres», porque los lleva al límite de la locura, pero él sobrevive a base de ejercicio y de imaginación.

El hospital colonial André Bouron, hacia 1920.

Para vagar entre las estrellas con intensidad, para ver fácilmente aparecer distintas etapas pasadas de mi vida aventurera o de mi infancia, o para construir castillos en España con una realidad sorprendente, primero debo fatigarme mucho. Tengo que caminar durante horas sin sentarme, sin parar, pensando normalmente en cualquier cosa. [...]. Me asfixio por el calor y la falta de aire y luego, de repente, salgo volando. ¡Ah!, estos paseos del alma, que sensaciones indescriptibles me daban. He tenido noches de amor, realmente más intensas que cuando era libre, más inquietantes, con más sensaciones aún que las auténticas, que las que realmente pasé. Sí, esta capacidad de viajar en el espacio me permite sentarme con mi madre, que murió hace diecisiete años. Juego con su vestido y ella acaricia los rizos de mi cabello...

Henri Charrière, en *Papillon*.

Durante este periodo cumple, en concreto, 207 días en la celda de aislamiento absoluto, como castigo porque a veces habla cuando está prohibido o por diversas indisciplinas. Los dos años pasan entre ensoñaciones que lo alejan de la locura. En septiembre de 1937 lo llevan al hospital de la isla Real, donde se ocupa de tareas de fontanería y jardinería. Incluso llegará a trabar una verdadera amistad con un joven doctor y su esposa. No tiene libertad, pero tampoco es la peor de las vidas, nada que ver con vivir preso de continuo, entre rejas. Pesca, juega a las cartas, charla con otros presos... Piensa. Qué tortura, poder pensar. Si no pudiera pensar en que toda su vida va a ser así, que no puede aspirar a más, todo resultaría más sencillo. El día a día es pasable; las perspectivas, ahogan.

Planea un nuevo intento de fuga, que queda al descubierto y puede acabar con su condena a muerte, dado que ya estamos en plena Segunda Guerra Mundial y todo fugado es susceptible de unirse al enemigo y ser un traidor a la patria (una patria dirigida por los nazis). Así que decide hacerse pasar por loco, de manera muy convincente, al parecer. Un loco no es responsable de sus actos... de manera que no se les castiga por ellos. Lo destinan a un manicomio. Al cabo de unos meses, al darse cuenta de que la vida allí es peor que la prisión, hará todo lo posible para demostrar que ha vuelto a la normalidad, hasta que lo devuelven a la *normalidad*.

LA SEGUNDA FUGA

La isla Real, de nuevo. No la soporta, cualquier cosa menos pasar allí el resto de su vida. Tiene que fugarse, como hace diez años, pero ahora con final feliz. De momento, consigue de su protector, el doctor Guibert-Germain, que lo trasladen a la isla del Diablo a finales de 1942. Un traslado que tampoco cambia nada (se encargará de la pocilga) y que constituirá –sí, ya veremos– su única estancia en la célebre isla de nombre tan sonoro. En unas semanas lo conducen al continente, donde lo nombran enfermero jefe –tras tantos años, uno tiene un caché– en el campamento forestal Cascades, donde destinan a muchos presos indochinos.

Allí, en el continente, una fuga es más fácil. Y sí, llegan rumores de que cerrarán pronto toda la colonia penitenciaria, pero Henri no se fía (y hace bien, porque aún quedan otros diez años para que eso suceda). Así que decide ponerse manos a la obra: necesita cómplices. Encuentra cuatro: Raymond Lamothe, Etienne Laplanche, Pham-Van-Ho y otro camboyano cuya identidad se perdió con el tiempo.

La noche del 18 al 19 de marzo de 1944 se lanzan al mar. Papillon tiene 37 años, diez más que cuando aquella intentona; ¿servirá de algo la experiencia? De primeras, toman la precaución de cortar el cable

Charrière y sus compañeros tuvieron que hacer frente a las amenazas del mar; entre ellas, la de los tiburones.

telefónico que une el campo con Cayena, la capital de la Guayana francesa, y de llevarse cable de repuesto: son horas ganadas. Y se echan al río, que los lleva al mar, que es el morir según el poeta Jorge Manrique, pero que para ellos es la vida. Aunque una vida agitada y llena de olas que amenazan con volcar la balsa y echarlos al agua infestada de tiburones, o devolverlos a la costa, de la que deben alejarse.. Luchan toda la noche contra las olas; el amanecer les devuelve una sonrisa: están bien lejos y la mar, en calma.

Henri queda enfermo, febril, al final de la balsa y apenas se da cuenta de que se dirigen hacia la costa de la Guayana inglesa (contra el plan inicial, que era llegar a Venezuela), guiados por el miedo a navegar de los indochinos. Los ingleses los interceptan y se sorprenden de ver a estos hombres desarrapados, que lloran cuando los recogen en sus barcas. Su felicidad es absoluta cuando les dicen que pueden quedarse en el país, que no los van a extraditar: cosas buenas de ser un país, oficialmente, enemigo.

Doble suerte para Henri. El miedo de los camboyanos, que casi –piensan– echa al traste la fuga, no solo es rentable jurídicamente, sino que permite que operen a tiempo a Charrière de un tumor: una semana más en alta mar y habría acabado con su vida.

Las ruinas del penal de la isla del Diablo, hoy convertido en una atracción turística.

La isla del Diablo y el caso Dreyfus

La isla del Diablo es la menor de las tres islas de la Salvación, situada a 11 km de la costa de Guayana Francesa. El penal se inauguró en 1851 para albergar todo tipo de prisioneros, en especial los más molestos. El clima (excesivamente húmedo), el entorno hostil y las enfermedades eran los carceleros más eficientes. En la actualidad, la isla pertenece al Centro Espacial de Guayana, aunque también está abierta al turismo. En sus exiguos límites (1200 m de largo y 400 m de ancho) permanecieron algunos presos ilustres. Quizá el que más, Alfred Dreyfus, un capitán del ejército francés, de origen judío-alsaciano. Pasó algo más de cuatro años (de 1895 a 1899) recluido en una cabaña de esta isla, condenado por un crimen que (como quedó demostrado años después), no había cometido: haber entregado a los alemanes documentos secretos. El caso Dreyfus tuvo una enorme repercusión en Francia y en toda Europa por sus connotaciones nacionalistas y antisemitas y enfrentó duramente a gran parte de la sociedad.

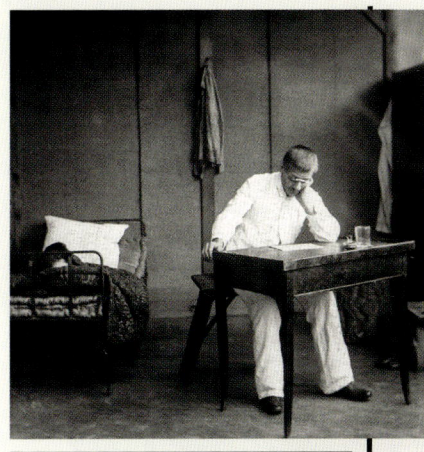

Alfred Dreyfus, durante su cautiverio en la isla del Diablo, en 1898.

LIBERTAD A MEDIAS

Los ingleses les permiten un régimen de semilibertad en Georgetown, la capital: no les permiten salir del país, ni les reconocen los mismos derechos que los ciudadanos *normales*. Para eso no se ha escapado ni arriesgado su vida. O César o nada, recordemos. Él quiere emprender, comprar, vender, vivir con todas las oportunidades y riesgos. Para sus compañeros de viaje, lo que han logrado por ahora les resulta suficiente; aspirar a más sería una locura. Papillon debe de estar loco.

Este loco encuentra a otras cuatro personas tan locas como él y pergeñan un nuevo plan de fuga. No es lo mismo que escapar de una cárcel, ahora gozan de libertad de movimientos para preparar todo, pero están en territorio británico, es un país en guerra que no permite el cruce de fronteras. Si los pillan, sufrirán las consecuencias: la cárcel o, quién sabe, un consejo de guerra que los mande al cadalso.

> En Francia se consideraba que un *bestseller* era el libro que alcanzase los 100 000 ejemplares. Papillon vendió un millón de ejemplares en tan solo tres meses, a finales del verano de 1969.

Se echan de nuevo a la mar en una embarcación fabricada por ellos mismos, con la vista puesta en Venezuela. Allí, creen, no les extraditarán y podrán vivir en auténtica libertad. Pero antes tienen que llegar y hay unos 200 km desde Georgetown hasta la frontera con Venezuela. Al poco de zarpar se agitan unas nubes negras en el horizonte, que en unas horas se convierten en algo mucho peor: un ciclón tropical que violenta las aguas y el aire. El viento huracanado es tal que se lo lleva todo: la vela, las provisiones, las herramientas. Solo les deja un remo y sus vidas, y una posición indeterminada en el océano: no ven más que agua. Agua salada, que no se puede beber.

La sed los atormenta, quizá más que el hambre. Se quitan sus ropas para confeccionar una nueva y ridícula vela, que los ayude a volver a tierra firme, pero eso los deja desnudos ante el sol, el viento y la sal. Cerca del ecuador, los rayos solares caen a plomo, pesados, potentes, casi se podrían medir en una báscula. Su piel empieza a agrietarse, a quemarse, se quedan en carne viva. Y la sed, la sed. Beben agua del mar, es un acto reflejo, pero cuando meten la cabeza la sal castiga sus heridas, el dolor les lacera. Nosotros sabemos que no es el fin, ellos lo dudan.

Hasta que, seis días después, aparece una embarcación que los recoge. Son pescadores, hablan en español. Están en Venezuela.

No tienen palabras para agradecer los cuidados que les dispensa esa gente humilde. Los han recogido hechos unas piltrafas y los devuelven al mundo hombres de nuevo. Sin embargo, las autoridades venezolanas dan con ellos. No los deportan, pero los llevan a la colonia penal El Dorado. Curioso nombre para una prisión que casi convierte en dulce la vida en las islas de la Salvación. Son unos meses horribles, pero, por una vez, la suerte se pone de cara a Charrière: entra un nuevo alcaide que no acepta tener como prisioneros a hombres que ni siquiera han sido juzgados. Es el caso de Henri y sus compañeros: los sueltan.

Ahora sí: la libertad.

El cementerio de reclusos en la isla de San José.

Steve McQueen, el protagonista de *Papillon*, en la película de 1973 de Franklin F. Schaffner.

LA NOVELA Y EL ÉXITO

En Venezuela, tras unos comienzos difíciles –un extranjero sin blanca, que no habla el idioma– se asienta. Rehace su vida, conoce a Rita Ben Simon, se casan, emprenden varios negocios en Caracas y Maracaibo: bares, restaurantes, hoteles, discotecas. El mundo de la noche, sí, pero ahora sin excesos, con la lección bien aprendida. Charrière muta de ex presidiario a respetable empresario. Le conceden la ciudadanía venezolana en 1956 y viaja a Europa, a reencontrarse con su pasado: se reúne con sus hermanas en España, en la Costa Brava. No pisa Francia, donde aún es un delincuente huido. Eso llegará en 1967, cuando su crimen prescriba.

En Venezuela su nuevo negocio industrial, de venta de camarones, no funciona y prácticamente se arruina. Eso le hace pensar: *¿y ahora, qué?* Debe encontrar una nueva manera de ganarse la vida, en un país donde no existe la jubilación. Y se le ocurre, de manera tibia y dubitativa al principio, una idea: contar su vida. Desde el otoño de 1967 hasta la primavera de 1968, en unos seis meses, completa su libro, al que llama *Caminos de podredumbre*. Cuando llega a manos de Robert Laffont, uno de los editores más importantes de Francia, lo considera un tesoro. Lo rebautiza como *Papillon* y alcanza el millón de ejemplares vendidos tan solo tres meses después: rompe cualquier récord editorial en Francia.

Henri Charrière, en una imagen tomada en la década de 1970.

En unos meses, pasa de ser un proscrito a la gloria. Para su familia, del tío del cual se avergonzaban al tío aventurero y bonachón. Para la sociedad, un ejemplo de redención. Los más grandes de la literatura francesa lo citan como un autor excepcional, porque el libro está notablemente escrito, a la vez que guarda un sabor arrabalero; conserva lo mejor de los dos mundos, el intelectual y el popular. Así es, así ha sido siempre Charrière, un niño muy listo con impulsos barriobajeros: una vela a Dios, y otra al *(a la isla del)* Diablo.

LA REALIDAD Y LA FICCIÓN

Henri Chàrriere deviene popular por su rostro de pícaro sinvergüenza, por su franqueza de ex matón, por su seductor talento como orador. Pero, para él, su nuevo estatus es mucho más que un éxito: guarda un aroma a ajuste de cuentas con el pasado, a esos 16 años malvividos en prisiones tropicales... Los mismos que ahora le proporcionan una fama mundial y vivencias que nunca hubiera creído posibles. Años después llegará una adaptación cinematográfica, lo que contribuye a universalizar aún más su historia. Pero la de *Papillon*, la de la novela. Muchos empiezan a dudar de que lo que cuenta ahí sea cierto; investigan, detectan incongruencias. Aparecen libros que lo acusan de fabulador, de faltar a la verdad. Una polémica que no hace sino acrecentar la publicidad de la novela.

Y sí, acaba por admitir Charrière en una concurrida conferencia de prensa, hay pasajes inventados. «El libro es 75 % verdadero y 25 % falso». Pero él no siente que haya engañado a nadie, porque su libro no es una autobiografía, ni una novela, sino que se sirve de realidad y ficción para componer un híbrido en el que cuenta *su verdad*. Un poco al estilo de lo que 30 años antes escribió Arturo Barea con su célebre *La forja de un rebelde*, o lo que en pleno siglo XXI hacen varios autores –multipremiados– que se incluyen en la *autoficción*: un simbiosis entre una vivencia real del autor y el relato de una experiencia ficticia. Sin embargo, hacia 1970, términos como «autobiografía ficticia» o «novela autobiográfica» aún no existían, de ahí que muchos se echaran sobre la figura de Charrière.

Esta polémica lo alejó de Francia y acabó viviendo sus últimos años en España, en el clima más cálido y amistoso de Fuengirola (Málaga).

Para confeccionar estas páginas hemos contado con el consejo de Vincent Didier, autor de la biografía *Papillon libéré: la vie d'Henri Charrière*. Él nos condensa esta dualidad entre realidad y ficción:

Sus hazañas no son las que cuenta en su libro *Papillon:* no fue el presidiario más duro, ni el más aterrador, ni el que más aventuras vivió, pero fue el más inteligente, el más romántico, y quien supo sacar lo mejor de esa terrible experiencia, a través de su forma de contar las cosas, de escribir su libro, constantemente entre la realidad y la ficción. Los historiadores le critican y se burlan de él porque saben que su libro está idealizado, ¡sin darse cuenta de que fue él quien dio a conocer al gran público las prisiones de Guayana! Y, en cualquier caso, mucho más que todos los libros de historia juntos. La verdad es polifacética... y se puede contar de diferentes maneras: puede ser un informe policial, un relato detallado de los hechos o una obra de arte que intenta expresar emociones que no se pueden transmitir con una escritura rigurosa. Henri Charrière optó por contar la verdad sobre la colonia penal y los convictos en un libro extraordinario que sigue sorprendiendo y conmoviendo al mundo entero.

Charrière falleció en 1973, ingresado en una clínica de Madrid, víctima de un cáncer que le impedía beber siquiera un poco de agua, aunque la garganta le quemase, un poco como cuando huía en balsa de su destino. Supo escapar de lo excepcional mejor que de una enfermedad común; no es poca cosa.

ASÍ FUE LA AUTÉNTICA GRAN EVASIÓN

UNA FUGA COORDINADA ENTRE 600 PRESOS

El buen trabajo, cuando es en equipo, sabe mejor. Y eso es lo que consiguieron los prisioneros de guerra del Stalag Luft III, un campo de prisioneros al que el cine inmortalizó. Un escape que tuvo un final atroz, pero que también obtuvo su parte de recompensa. En las guerras, ya se sabe, nunca hay vencedores absolutos.

📍 Sagan, Baja Silesia, Polonia.

------------------->

📅 24/3/1944

<-----------------

💡 Soldados aliados, comandados por el oficial Roger Bushell.

------------------->

🔍 Vigilando: unos 800 soldados alemanes.

<-----------------

❓ La película *La gran evasión* hizo de esta fuga una de las más famosas de siempre.

EL CINE Y las fugas hacen buena pareja. Una interesada, eso sí. Aquel se aprovecha de estas, de su aroma aventurero y libertino, de su épica y de su tragedia, mientras que estas... Quizá no saquen nada en claro. El celuloide las preserva en la memoria, sí, pero a cambio de que sea un guionista quien conduzca sus desventuras y un director el que las plasme. Manos expertas y concienzudas, que saben lo que le conviene a una historia para entretener al espectador. Pero la realidad no es entretenida cuando se vive desde el presente; es más plomiza y pegajosa. El cine narra y sintetiza a voluntad; los que buscan fugarse tienen otra perspectiva. El siguiente escape fue inmortalizado por el cine mediante la (memorable, eso sí) película *La gran evasión* (John Sturges, 1963). Sin embargo, para conocer en profundidad la emoción y, sobre todo, la tragedia de este intento de fuga, lo mejor es acercarse al libro en el que se basó el filme: *The Great Escape* (Paul Brickhill, 1950); su autor participó en la fuga (aunque, sufridor de claustrofobia, no fue de los elegidos para escapar). Una como la del Stalag Luft III necesita muchas páginas para ser contada.

QUÉ ES UN STALAG

A ninguno nos gustaría haber pasado por un stalag durante la Segunda Guerra Mundial. Sin embargo, las condiciones allí eran mejores que en los campos de concentración *a secas*, esos que todos tenemos en la retina debido al horror del Holocausto. En ellos rige un código más... ¿humano? Bueno, estamos en la guerra más mortífera de la historia de la humanidad, tampoco nos pasemos. Pero, que hablen los hechos: el Stalag Luft III (abreviatura de Stammlager Luft III, es decir, «campo principal de aviación») está a cargo de la Luftwaffe (las Fuerzas Aéreas germanas) y no de las SS o de la Gestapo, lo cual ya es algo: unos luchan por Alemania, los otros son unos sádicos. Un stalag solo admite, además –de acuerdo con la Convención de Ginebra de 1929–, prisioneros de guerra, nunca civiles. Es decir, este campo es una prisión a cargo de altos oficiales que custodian a soldados y altos oficiales enemigos. Existe cierto –sin idealizarlo– respeto por los que son unos iguales, pero a los que la historia ha colocado en el otro bando.

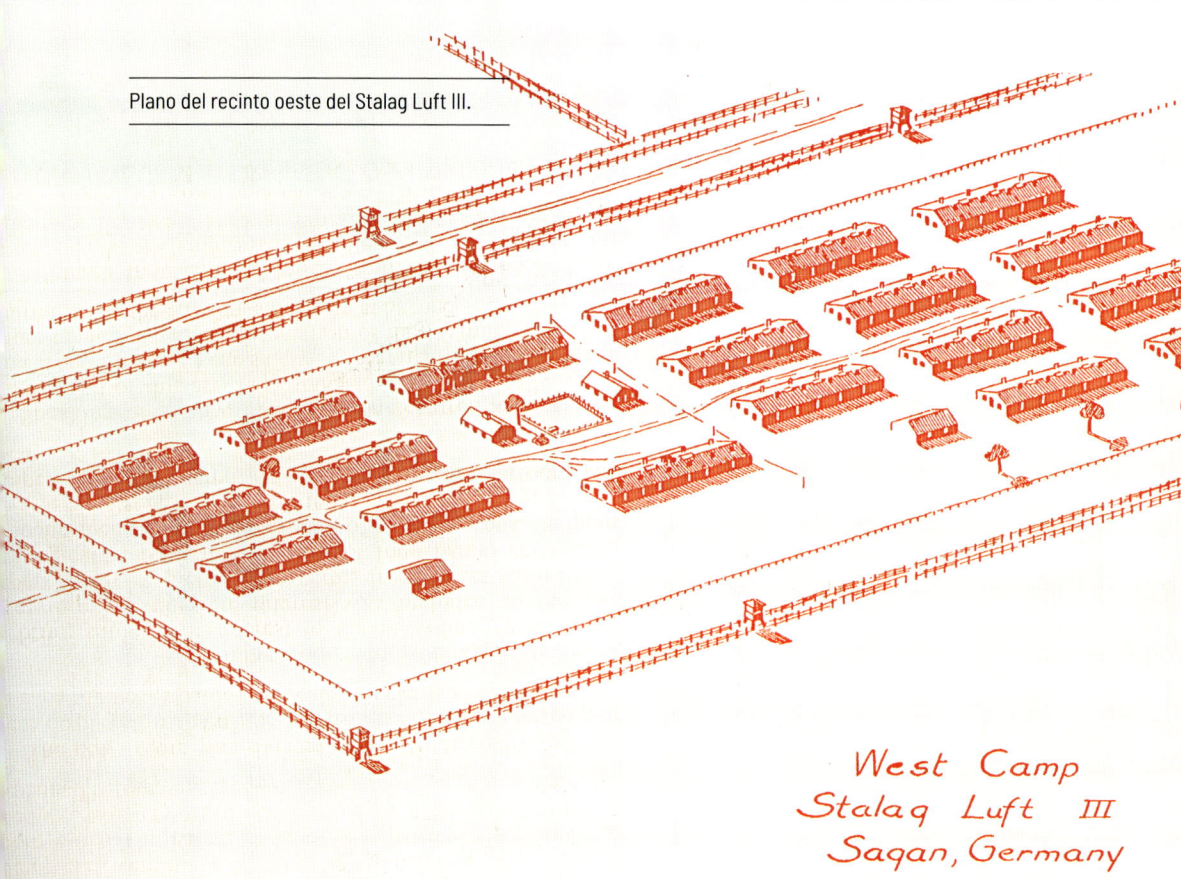

Plano del recinto oeste del Stalag Luft III.

West Camp
Stalag Luft III
Sagan, Germany

El ocio en Stalag Luft III

Reproducimos aquí debajo un informe del Servicio de Inteligencia Militar del Departamento de Guerra de Estados Unidos, en el que se detallan las actividades de ocio en el Stalag Luft III, fechado el 1 de noviembre de 1945.

La lectura era la actividad más importante del campo de prisioneros. La biblioteca de préstamo de ficción de cada complejo se amplió con libros recibidos de la YMCA y de los familiares más cercanos hasta alcanzar un total de más de 2.000 volúmenes. De manera similar, las bibliotecas de referencia de los complejos crecieron hasta incluir más de 500 obras de naturaleza técnica. Estos libros provenían del Fondo de Ayuda a los Estudiantes Europeos de la YMCA y de prisioneros que los habían recibido de sus hogares.

El atletismo ocupó el segundo lugar de ocio más popular, tras la lectura. Se despejaron las áreas del campamento y se acondicionaron campos de juego, primero para cricket y rugby y luego para softbol, fútbol americano, bádminton, tenis de mesa y voleibol. Además, hubo oportunidades para jugar al pimpón, lucha libre, levantamiento de pesas, hockey y natación. La mayor parte del equipo deportivo fue proporcionado por la YMCA.

Arriba: presos en su huerto.
Abajo: soldados cocinando en un barracón.

Los «Luftbandsters», que tocaban instrumentos proporcionados por la YMCA, podían competir con cualquier banda de renombre de Estados Unidos, según quienes los escucharon en diversas actuaciones. [...] A través de los servicios de la YMCA, a los prisioneros se le proyectaron siete películas, largometrajes de Hollywood algo anticuados y dos comedias musicales alemanas.

Otras actividades consistían en jugar a las cartas, transmitir noticias y música a través de un amplificador del campamento llamado «Station KRGY» leer los diarios *Circuit* y *Kriegie Times* publicados por la oficina de noticias de los prisioneros, asistir a las clases del departamento de Educación que iban desde Aeronáutica hasta Derecho, pintar, dibujar y el inevitable paseo por la pista del perímetro del complejo.

Imagen del interior de uno de los barracones del Stalag Luft III.

Por otro lado, al estar bajo observación de la Convención de Ginebra, la Cruz Roja envía paquetes de comida y otros productos básicos. A esto hay que sumar que en varios de estos stalag suele existir una biblioteca con instalaciones escolares, donde los prisioneros de guerra pueden estudiar y se presentan a exámenes en materias como idiomas, ingeniería o derecho. El Stalag Luft III es uno de ellos. Con los bienes que envía la Cruz Roja se establece una sistema oficial de trueque entre los presos aliados y los soldados alemanes, ya que a menudo los primeros disponen de productos de los que los segundos carecen. De hecho, el menú diario aliado es más rico y variado que el germano. Los prisioneros cambian los excedentes por puntos que pueden gastar en otros artículos. Los alemanes pagan a los oficiales capturados en lagergelds (la moneda durante al época nazi), que a su vez emplean para comprar los bienes que la administración alemana pone a disposición.

No parece el peor de los panoramas, ¿verdad? Corre ya el año 1944 y cualquiera podría pensar que lo mejor es esperar a la ya inevitable victoria aliada. Los prisioneros están al tanto de la marcha de la guerra, ya que disponen –a escondidas– de un transmisor de radio con el que se comunican con Londres. Pero, que no se nos olvide, están desarmados entre soldados que los apuntan. Y, segundo, nadie sabe

El primer intento

El primer intento de fuga en el Stalag Luft III se llevó a cabo en octubre de 1943. Fueron tres presos británicos quienes la idearon y ejecutaron. La clave de toda la evasión estuvo en la posición de un caballo de gimnasia, que fue el que ocultó al entrada al túnel, razón por la que tanto un libro como una película basados en ella toman el nombre de *El caballo de madera*, como guiño a la historia del caballo de Troya.

El caballo se construyó con madera contrachapada de los paquetes de la Cruz Roja. Se colocó cerca de la alambrada, mientras los presos realizaban ejercicios de gimnasia. El ruido generado por los ejercicios confundía a los sismógrafos. Por debajo, los oficiales Michael Codner, Eric Williams y Oliver Philpot excavaron más de 30 m de túnel, que no contaba con ningún tipo de revestimiento, excepto en la entrada. Como herramientas no contaron más que con cuencos y unas varillas de metal. Al acabar la sesión de entrenamiento, retiraban el caballo, colocaban una tabla sobre la entrada del túnel y se cubría con tierra.

En la tarde del 19 de octubre de 1943, los tres soldados consiguieron salir del campo y lograron volver a Gran Bretaña.

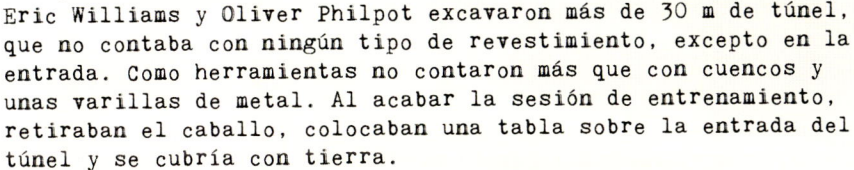

cómo pueden reaccionar los alemanes cuando se vean acorralados. Es mejor estar fuera que dentro, de eso no cabe duda. Las ansias de libertad permanecen intactas.

Es decir: si hay posibilidades de fuga, *nos fugamos*.

LA SEGURIDAD EN EL CAMPO DE CONCENTRACIÓN

El Stalag Luft III está en Sagan, a 160 km al sureste de Berlín (este terreno se encuentra en Polonia, anexionada entonces al III Reich). El campo se abrió en marzo de 1942, bajo la responsabilidad de la Luftwaffe. En el ejércán alemán cada rama del ejército es responsable de los prisioneros de guerra de las ramas equivalentes. Así que a este campo llega la tripulación aérea aliada hecha prisionera. Se va ampliando según pasan los meses: crece hasta las 24 hectáreas para albergar a unos 2 500 oficiales de la RAF, unos 7 500 oficiales de la Fuerza Aérea estadounidense y unos 900 aliados de otras nacionalidades.

La alta formación media de los oficiales germanos y de los prisioneros aliados no convierte este campo en el patio de las madres ursulinas. Al contrario: precisamente por esa inteligencia de los presos, Stalag Luft III cuenta con una serie de medidas de seguridad excepcionales. A saber:

- Los barracones se elevan unos 60 cm del suelo para que resulte más sencillo detectar si alguien construye un túnel, puesto que se podrá observar desde fuera.
- El suelo de la superficie es de un gris oscuro, mientras que el del subsuelo es de un amarillo brillante, por lo que se puede detectar si alguien vierte arena sobre el suelo.
- Esa misma arena del subsuelo es poco compacta, con lo cual la estructura de un túnel será muy endeble.
- Existen micrófonos-sismógrafos en perímetro del campo, para detectar cualquier sonido de excavación.

Y, además de las esperables alambradas y torres de vigilancia, existe un grupo de soldados alemanes, a los que se les llama «hurones», cuya tarea es inspeccionar de manera aleatoria y sin previo aviso los barracones de los presos para frustrar cualquier tentativa de evasión.

Por el otro lado, los prisioneros también cuentan con sus métodos de defensa: defensa contra la delación, claro, su principal preocupación. Se investiga a los recién llegados al campo para evitar infiltraciones de espías alemanes. Cualquier nuevo preso debe ser identificado por otros dos que lo conocieran de vista; si no cuenta con ese aval, se le interroga y se le escolta por otros prisioneros, hasta que se descartan dudas sobre su identidad. De hecho, se descubren varios infiltrados por este método.

Los prisioneros también cuentan con cierto soporte externo. Los servicios secretos del Reino Unido y Estados Unidos son capaces de hacerles llegar algunos materiales en los paquetes que envían organizaciones de ayuda a los campos de concentración como el Stalag Luft III.

Derecha: Ubicación de la entrada del túnel Harry en Stalag Luft III.

Izquierda: soldados aliados en una de sus habitaciones. Derecha: presos aliados departen con un oficial alemán.

- Están los «pingüinos», que se encargan de dispersar la tierra excavada en los túneles mediante ingeniosos métodos como esconder bolsas de tierra dentro de sus pantalones y liberarla durante los paseos por el patio. A esa forma de caminar y a la forma de sus abrigos y pantalones le deben su sobrenombre. Van a tener que dispersar unas 130 toneladas de arena en total.

- Los «falsificadores» crean documentos de identidad, permisos de viaje y otros documentos que los fugitivos necesitarán una vez fuera del campo.

- Los «sastres» confeccionan ropa civil a partir de mantas, uniformes y otros materiales, para que los futuros fugitivos puedan mezclarse con la población local.

- También están los «gorrones», los conseguidores, el equipo de producción: quienes obtienen los materiales necesarios, ya sea intercambiando bienes con los vigilantes o reciclando de productos encontrados en el campamento.

- Es clave también el trabajo de la «unidad de inteligencia» , encargada de encontrar información sobre el movimiento de tropas alemanas, de controlar a los vigilantes, de averiguar más sobre la geografía local y los horarios del transporte público, de planificar las rutas de escape.

En este último apartado, nos podemos hacer la siguiente pregunta: ¿Y cómo conseguir de los soldados alemanes ese material, esa información? Ahí tienen dos ventajas:

1. Como indicábamos, la necesidad: la vida también es difícil para los alemanes, y ponen por encima el bienestar de sus familias que los delirios de grandeza del infame Führer.

2. Tan importante como lo anterior: la colaboración de los guardias alemanes antinazis, que los hay, tanto en el campo como fuera de él, que se organizan para ayudar a los prisioneros.

VIGILANTES 1 - FUGADOS 0

Lo primero es la seguridad. Se prohíbe mencionar la palabra «túnel» bajo pena de juicio marcial. «Si me veis andando por ahí con un tronco de árbol asomando por el culo, no hagáis preguntas, porque será por una muy buena razón», les dice Bushell a sus hombres. Que nadie hable de más, vigilancia y cumplir órdenes, y todo saldrá bien. Esperemos.

Se trabaja en paralelo en los tres túneles por una razón: si se descubre uno, los alemanes pensarán que es improbable que haya otro en marcha. Pero llega la noticia de que van a trasladar a los norteamericanos del

Vista aérea del recorrido del túnel Harry.

recinto norte (donde se ejecuta la acción) al recinto sur, que está a punto de terminarse. Así que deciden apostarlo todo por Tom, que se excava desde el barracón 123, aun a riesgo de ser descubiertos. Se hace más intenso el trabajo de excavación, pero eso mismo provoca que algunos guardias detecten rastros de la arena extraída por los pingüinos. Los alemanes se huelen algo.

Emblema de la Luftwaffe.

Las inspecciones de los hurones se multiplican. El barracón 123 es inspeccionado durante cinco horas, sin descubrirse nada, por suerte para los reclusos. Porque tan solo faltan 16 m para completar un túnel que se acerca a los 100 m. Están casi bajo la alambrada...

Pero, en la siguiente inspección, los alemanes descubren el túnel. Y lo dinamitan. También la moral de sus constructores. Aunque una nota de justicia poética les arranca una mueca de sonrisa: la explosión, de tan potente, hace hundirse una torre de vigilancia aledaña. No cuesta imaginar cómo han de contener la risa ahogándola en una tos, un carraspeo, mirándose de reojo, en posición de firmes frente al *Kommandant* von Lindeiner. Tom muere con las botas puestas.

Monumento erigido en honor a las víctimas en el campo de prisioneros Stalag Luft III.

para convertirlas en palas y lámparas en las que se queman mechas hechas con cordones de pijama untados en grasa de cordero, extraída de la sopa grasienta que les sirven: una auténtica economía circular.

El túnel se apuntala con tablones. Una parte de la madera se saca de debajo del barracón, que tiene doble suelo; pero la otra se obtiene de las lamas sobre las que se disponen los colchones. Según se acerca el fin, dormir se hace cada vez más incómodo, ya que lo hacen sobre cinco o seis listones de los 20 originarios. También contará con luz eléctrica (que reemplaza a las lámparas de grasa de cordero, que se demuestra tóxica) y un pequeño ferrocarril, un carro que transporta un contenedor en el que se mete la arena y se empuja hasta la entrada del túnel.

Fotografía de Roger Bushell.

He aquí una lista del material empleado para la fuga (según un recuento posterior de los alemanes):

4 000 tablas de cama; 1370 listones de madera; 1699 mantas; 161 fundas de almohada; 635 jergones; 34 sillas; 52 mesas para 20 personas; 90 literas de dos niveles; 1219 cuchillos; 478 cucharas; 30 palas; 330 m de cable eléctrico; 200 m de cuerda; 192 cubrecamas; 3 424 toallas; 1212 almohadones de cama; 10 mesas individuales; 76 bancos; 246 bidones de agua; 582 tenedores; 69 lámparas.

Entrada a Harry

Barracón 104

102 m

Izquierda: entrada a Harry (se observa el conducto de ventilación). Derecha: interior del túnel, con el carrito.

Mientras nosotros leemos y leemos, ellos trabajan y trabajan sin cesar. Y llegamos a marzo de 1944 y Roger Bushell, jefe de la Operación X, dictamina: «Harry ya está operativo». Han terminado el túnel.

LA GRAN DECISIÓN

Eso no quiere decir que hayan de salir ya. En primer lugar, queda por excavar los últimos centímetros del túnel vertical, el que los llevará hasta la superficie. Eso no se podrá hacer hasta la misma noche de salida, para no autodelatarse. Y, en segundo lugar, porque el mejor momento para la salida, estiman, es el verano: menos necesidad de ropa, mejor temperatura si hay que dormir al raso. Sin embargo, a principios de 1944, la Gestapo –perfectos en su papel de malos de la película– visita el campo y, con su olfato fino, ordena que se redoblen los esfuerzos para detectar fugas. Bushell reflexiona: actuar o esperar.

Qué responsabilidad.

El sudafricano sopesa los pros y los contras. Y decide. Mejor *una* oportunidad más difícil, que *ninguna* algo más sencilla.

LA GRAN EVASIÓN

De los 1500 prisioneros que hay en el recinto norte del Stalag Luft III, solo unos 600 pertenecen a la Organización X. Los demás, o están en contra o, simplemente, no creen que valga la pena. Bushell estima que podrán sacar a 200 –que ya es todo un récord–: sí, pero, ¿cuáles? Otra decisión trascendental para un hombre que iba para abogado y al que la vida le ha proporcionado unas experiencias más intensas de las que jamás hubiera deseado. La mezcla quedará así:

- 30 seleccionados a dedo por Bushell, ya que al hablar alemán tienen mayores probabilidades de escape; también habían estado implicados en otras fugas. A estos se les suministran los mejores trajes, papeles y dinero.
- Otros 70 seleccionados por su alto grado de implicación en la construcción de los túneles.
- Y otros 100 elegidos por sorteo, que reciben los materiales y documentos más básicos.

La decisión está tomada, tan solo hay que esperar a una noche sin luna, que será el próximo viernes 24 de marzo. Cuando llega esa noche, lo primero es que quienes tengan un lugar asignado en la fuga se trasladen a la cabaña 104. Allí sucede el primer vuelco al corazón de la noche: ¡entra un soldado alemán en la cabaña! Falsa alarma: es el cabo Pawel Tobolski, al que se le ha entregado esa vestimenta. Muchos lo sabían... Pero la tensión del momento no permite estas visiones.

El cabo Johnny Bull es el primero en internarse en el túnel, a las 22:30. Llega hasta el final y excava los últimos centímetros. Cuando logra asomar –lenta, muy lentamente– la cabeza, llega la gran decepción. Se han quedado a unos cinco metros de la linde del bosque. Quien salga

Placa que conmemora a los prisioneros que participaron en la fuga, en el Stalag Luft III.

puede ser visto por los vigilantes, que se apostan a apenas 15 m, en una torre de vigilancia. Ha sido un error de cálculo, el único error en una obra de ingeniería realizada con los mínimos elementos.

Sin embargo, los guardias miran, sobre todo, al interior del campamento y sus reflectores apuntan hacia allí. Se puede intentar, pero el proceso será más lento. Los centinelas pasan a intervalos cerca de la alambrada. Hay nieve en el suelo y resulta imposible no dejar un rastro cuando sales a toda prisa de la salida, hasta refugiarse entre los árboles. Se idea un método para garantizar que no miran: se dispone una cuerda del bosque al agujero. Los que están fuera, con mejor ángulo de visión, tirarán una vez de la cuerda para avisar que se puede salir; dos, si aún no se puede. Pero la salida, inevitablemente, se ralentiza: en lugar de un hombre cada minuto, como estaba previsto, se reduce a una docena por hora. Se envía un mensaje al barracón: aquellos hombres con un número de fuga superior a 100 carecen de posibilidad alguna de escape. En el barracón 104 cunde el desaliento. Esos 100 hombres defraudados tampoco pueden salir hacia sus cabañas, puesto que corren el riesgo de ser descubiertos durante el toque de queda nocturno.

TENSIÓN BAJO TIERRA

El goteo de fugados es lento y angustioso. Un ataque aéreo sobre Berlín provoca un apagón en el campo, lo que proporciona más oscuridad afuera (para bien) pero también en el interior del túnel (para mal). Además, pasada la medianoche, sobre la 1:00, el túnel se derrumba parcialmente y hay que limpiarlo y dejarlo expedito.

A las 4:55 de la madrugada falta poco para la aurora. 76 hombres han llegado ya hasta el bosque. 87 han abandonado ya la caseta 104 (esa diferencia de 11 se encuentra esperando su turno en los túneles: los que estén al final tiran del carro sobre raíles y arrastran hacia ellos a un nuevo compañero). El número 77 aguarda en el túnel la señal para salir. Afuera le hacen la señal para que espere; pero la malinterpreta y aparece en la superficie justo cuando un vigilante pasa lo más cerca posible. El

> **66** Muchos de los presos no contaban con un equipo de fuga de alta calidad (sobre todo, una vestimenta adecuada) y no hablaban alemán, por lo que sus posibilidades eran escasas. Pero preferían intentarlo y, al menos, provocar problemas a los alemanes. **99**

alemán oye algo, percibe el vapor que emana del calor corporal, levanta el fusil, y disparó un tiro contra una sombra.

La fuga ha terminado.

EL REPLIEGUE

Después de unos minutos, todos los hombres que han estado esperando en el túnel logran regresar a la cabaña 104, donde también se han escuchado los disparos. Todos empiezan a quemar sus documentos falsos y a comer las raciones que tenían asignadas, puesto que en cuanto las descubran los alemanes se las confiscarán. Tienen más tiempo del que parece: los guardias ignoran dónde comienza el túnel (y, en un principio, no se introducen por la salida). Como han registrado muchas veces el barracón 104, lo consideran seguro y van registrando cabaña tras cabaña.

La entrada solo se descubre cuando un soldado alemán, llamado Charlie Pilz, se aventura por el túnel y llega hasta el otro extremo, aunque no puede llegar a salir. Grita y grita, angustiado. Para entonces, los alemanes ya están en la cabaña 104 y se oyen sus gritos. Los prisioneros deciden descubrir la entrada y dejarlo salir.

—¡Es un túnel magnífico! –se maravilla Pilz cuando asoma.

En el campo de concentración, estas cosas se toman con un cierto espíritu deportivo: «vosotros sois los ratones, nosotros los gatos y cada uno cumple con su papel». Hay castigos, pero no fusilamientos, ya que von Lindeiner se atiene a la Convención de Ginebra. Pero cuando la noticia llega a los oídos de Hitler, su reacción será desmedida e incontrolada. Podemos imaginarnos sus ojos inyectados en sangre, su gestualidad sobreactuada, su furia paranoica: ordena fusilar a todos los que se hayan fugado (ver recuadro *Los crímenes de Stalag Luft III*). Pero, ¿qué ha pasado con ellos?

Bram van der Stok y Jens Müller, dos de los tres prisioneros que lograron escapar hasta sus hogares.

UN FINAL AGRIDULCE

El invierno en Polonia está siendo el más frío en décadas. Los 76 huidos deben lidiar con eso y con la nieve que los azota. El destino de la mayoría de ellos es alcanzar una estación de tren y meterse en un tren que los lleve lejos. Bushell, por ejemplo, se sube en uno con destino en Breslau. En el vagón coincide junto con otros compañeros de fuga. Lógicamente, ni se miran. Cómo van a hacerlo si ya no se conocen, son jornaleros que vuelven a su hogar. Eso dicen sus papeles.

Otros intentan caminar de noche y esconderse durante el día, buscando refugio en graneros, pajares o bosques. Se guían con sus mapas y sus brújulas e, incluso, en algunos casos, reciben la ayuda de lugareños comprensivos que arriesgan sus propias vidas para ayudar.

A la par, miles de tropas alemanas, policías e incluso Juventudes Hitlerianas se movilizan para la búsqueda, hay que atajar como sea esa vergüenza. Se instalan controles de carretera, se vigilan estaciones de tren y se ejecutan controles de identidad más estrictos. Aparecen por todas partes carteles de búsqueda con imágenes y descripciones de los fugitivos.

Sin embargo, la realidad se impone: el dispositivo de búsqueda es grande y la mayoría de fugitivos no habla alemán, o con acento. Van cayendo, y en unas horas, como mucho en unos días, todos son vueltos a capturar.

Todos, menos tres.

Per Bergsland, Jens Müller y Bram van der Stok serán los tres afortunados. Los dos primeros son pilotos noruegos que servían en la

Los crímenes de Stalag Luft III

En efecto, cuando Hitler supo de la fuga, entró en cólera y mandó ejecutar a los 73 detenidos. Sin embargo, el *Reichsmarschall* Hermann Göring, jefe de la Luftwaffe, le recordó que una masacre podría provocar represalias contra los pilotos alemanes en manos de los aliados. Hitler aplacó su ira, pero solo un poco. Le indicó a Heinrich Himmler, Reichsführer de las SS, que eligiera a «más de la mitad» y los ejecutase. Himmler decidió que fueran 50 hombres y dejó la elección y operativa en manos de la Gestapo y su entonces jefe, Arthur Nebe. Esta fue llamándolos durante días de dos en dos, con el pretexto de interrogarlos. Luego, cuando los montaban en un coche para, supuestamente, devolverlos a prisión, se les ordenaba salir del coche para hacer sus necesidades y, de espaldas, los ajusticiaban a quemarropa.

Arthur Nebe.

Cuando los aliados se enteraron de esto, prometieron llevar a los responsables a un tribunal. Tras el fin de la guerra, estos crímenes ocuparon un lugar propio dentro de los juicios de Núremberg (Hitler y Himmler se suicidaron antes de su captura, mientras que Göring lo hizo en su celda tras su juicio). El de los asesinatos del Stalag Luft III comenzó el 1 de julio de 1947, contra 18 acusados, y se celebró ante el Tribunal de Crímenes de Guerra N.º 1 en la Curio Haus de Hamburgo. Trece de ellos fueron ahorcados en la prisión de Hamelin en febrero de 1948.

RAF, y huyen juntos en tren y en barco hasta Suecia, ayudados por unos marineros suecos. Van der Stok, neerlandés y también piloto de la RAF, cruzará la Europa ocupada gracias a las resistencias belga y francesa, y pasa los Pirineos hasta llegar a España, donde el consulado británico lo acoge y lo envía de nuevo al Reino Unido previo paso por Gibraltar. Allí vuelve a pilotar un avión de guerra, en el marco de la invasión aliada en Europa. Al terminar el conflicto, se gradúa en Medicina y logra una próspera carrera en Estados Unidos.

Son la cara «amable» de una historia que, pese a la espectacularidad de la célebre película *La gran evasión* (¡imborrable el salto en moto del actor Steve McQueen!) acabó en una tragedia horrible. Las guerras nos proveen al público de grandes historias, cimentadas en un gran dolor.

LA FUGA DE ALCATRAZ: NO TAN IMPOSIBLE

POSIBLEMENTE, EL ESCAPE CARCELARIO MÁS FAMOSO

Durante casi 30 años, la prisión de Alcatraz se consideró, a nivel mundial, como la más inexpugnable que podía existir. Frente a San Francisco, pero rodeada de las frías aguas del Pacífico y sus potentes corrientes, nadie se atrevería a escapar de allí. La llamaron «La Roca». Pero, en el fondo, quizá no fuera tan dura.

📍 San Francisco, California, EE.UU.

-------------->

📅 11/6/1962

<--------------

💡 Clarence Anglin, John Anglin y Frank Morris.

-------------->

🔍 160 carceleros.

<--------------

❓ En la actualidad, Alcatraz es una atracción turística que recibe 1,5 millones de visitantes al año.

Alguna vez, en algún momento, alguien gracioso podría haber publicado esto en alguna gacetilla barata de San Francisco:

Se ofrece sencilla habitación con baño.
Vistas de infarto de la ciudad y de la bahía.
Se garantiza aire freso y limpio.
Comida, lavandería y actividades de ocio a cargo de la propiedad.
Precio: TU LIBERTAD.

La gracia hubiera valido en cualquier momento entre el 11 de agosto de 1934 y el 21 de marzo de 1963, fecha de inauguración y clausura, respectivamente, de la Prisión Federal de Alcatraz, la más segura del mundo en su momento. Así se vendía.

UN POCO DE HISTORIA

Sí, un poco de perspectiva nos vendrá bien: todos hemos oído algo sobre Alcatraz, pero Alcatraz existía antes de ser prisión. Es la primera isla que nos encontramos al entrar en la bahía de San Francisco. A apenas dos kilómetros se encuentran la isla Ángel y la isla del Tesoro (creada artificialmente en 1937 y llamada así porque Robert Louis Stevenson, el autor de *La isla del tesoro*, vivió en San Francisco desde 1879 hasta 1880). Pero Alcatraz es sensiblemente más pequeña. Mide poco más de 500 m de largo y 200 m en su punto más ancho. Los españoles

La leyenda tras la prisión de Alcatraz ha generado varias películas y ha acabado por convertir la isla en una atracción turística de primer orden.

fueron los primeros ocupantes documentados y le dieron el uso al que parecía predestinada por su ubicación: el de bastión militar. Toma su nombre del ave marina y se dice así, 'alcatraz', en inglés; pero no existen alcatraces en la costa del Pacífico. Parece que todo se debe a una serie de malas traducciones y confusiones: pero a quién le importa la ortodoxia lingüística y taxonómica cuando hay un nombre tan sonoro. 'Alcatraz' suena duro y afilado a la vez, como se supone que ha de ser un fortín inexpugnable.

A mediados del siglo XIX, el gobierno estadounidense compra la isla de Alcatraz y construye allí un fuerte, al que se le dan distintos usos militares. Ya se observa que, si se quiere mantener fuera de circulación a *elementos* considerados peligrosos, es un lugar pintiparado, y por ejemplo se confina allí a simpatizantes confederados durante la Guerra de Secesión (1861-1865). En 1912 se termina la construcción de una prisión de hormigón, germen de lo que vendrá años después. Durante la Primera Guerra Mundial, se encierra a objetores de conciencia: esos oscuros pacifistas podían resultar contagiosos.

Pero la prisión de Alcatraz –la auténtica, la inimitable, la legendaria– no aparece hasta 1934, cuando pasa de manos del Ejército a las del Departamento de Justicia, que la entrega a la Oficina Federal de Prisiones. A las 9:40 del 11 de agosto ingresan en sus muros 137 prisioneros que llegan de la penitenciaría de Leavenworth (Kansas), tipos duros y descarriados. Nos los podemos imaginar con el gesto torcido, contrariados, sabedores de que esta prisión no es como las otras. Quizá –algo improbable– algún carcelero, alguno muy leído, les reciba con un ejemplar de la *Divina Comedia*, abierto por la página en la que sobre las puertas del infierno, Dante contempla la inscripción: «Abandonad toda esperanza». De fuga, claro.

ALCATRAZ FUNCIONA

Había 269 celdas, destinadas a lo peor de lo peor de la población reclusa de Estados Unidos. Eran los presos cuyo comportamiento se consideraba incorregible, sin posibilidades de rehabilitación, y que no dejaban de dar problemas. Mano dura con los duros. No solo llegaban asesinos, sino ladrones de bancos, falsificadores, proxenetas o sodomitas: mientras ofrezcas problemas, tendrás abiertas las puertas de Alcatraz (las de entrada); ese era el mensaje. En 1935, la Oficina de Prisiones señaló:

> El establecimiento de esta institución no solo proporciona un lugar seguro para la detención del tipo más difícil de criminales, sino también tiene un efecto positivo en la disciplina en nuestras otras penitenciarías. No se ha notificado ninguna perturbación de ningún tipo durante todo el año.

El sistema funciona, decía el sistema.

Y todos respiraban, o querían respirar, un poco más tranquilos.

UN LUGAR DE DONDE ESCAPAR

Alcatraz se ganó fama de presidio de condiciones extremas: la cloaca de las cloacas, la más agotadora de las prisiones, tanto para carceleros como para presos. *Hellcatraz* (juego de palabras con el inglés *hell*, 'infierno') la llamaban algunos. En sus muros se imponía un severo código de silencio –los convictos no tenían derecho a hablar entre ellos–

Mapa de la prisión de Alcatraz.

MAP
OF
PACIFIC BRANCH
UNITED STATES MILITARY PRISON,
ALCATRAZ ISLAND,
CALIFORNIA.

y varios recurrieron al suicidio. En realidad, esto pasaba en muchas otras cárceles; algunos presos afirmaban que Alcatraz era mejor que el lugar de donde provenían: se les garantizaba una celda para ellos solos y la comida era una delicia, en comparación.

Varios criminales conocidos ingresaron en Alcatraz: Al Capone, George «Machine-Gun» Kelly, Alvin Karpis (el primer «enemigo público número 1») y Arthur «Doc» Barker cumplieron condena allí. La mayoría eran prisioneros que se negaban a cumplir las reglas y regulaciones de otras instituciones federales, los considerados violentos y peligrosos, o con riesgo de fuga. No sabemos si, *a priori*, dentro de estos últimos estaban Frank Morris y los hermanos John y Clarence Anglin.

LOS TRES (O CUATRO) PROTAGONISTAS

Si Frank Morris hubiera sido un adolescente normal, quizá habría muerto tiroteado en alguna bella playa del Pacífico, durante la Segunda Guerra Mundial. Era lo que correspondía, por edad, a un joven nacido en 1926. Pero no; huérfano desde los 11 años, criado en hogares de acogida,

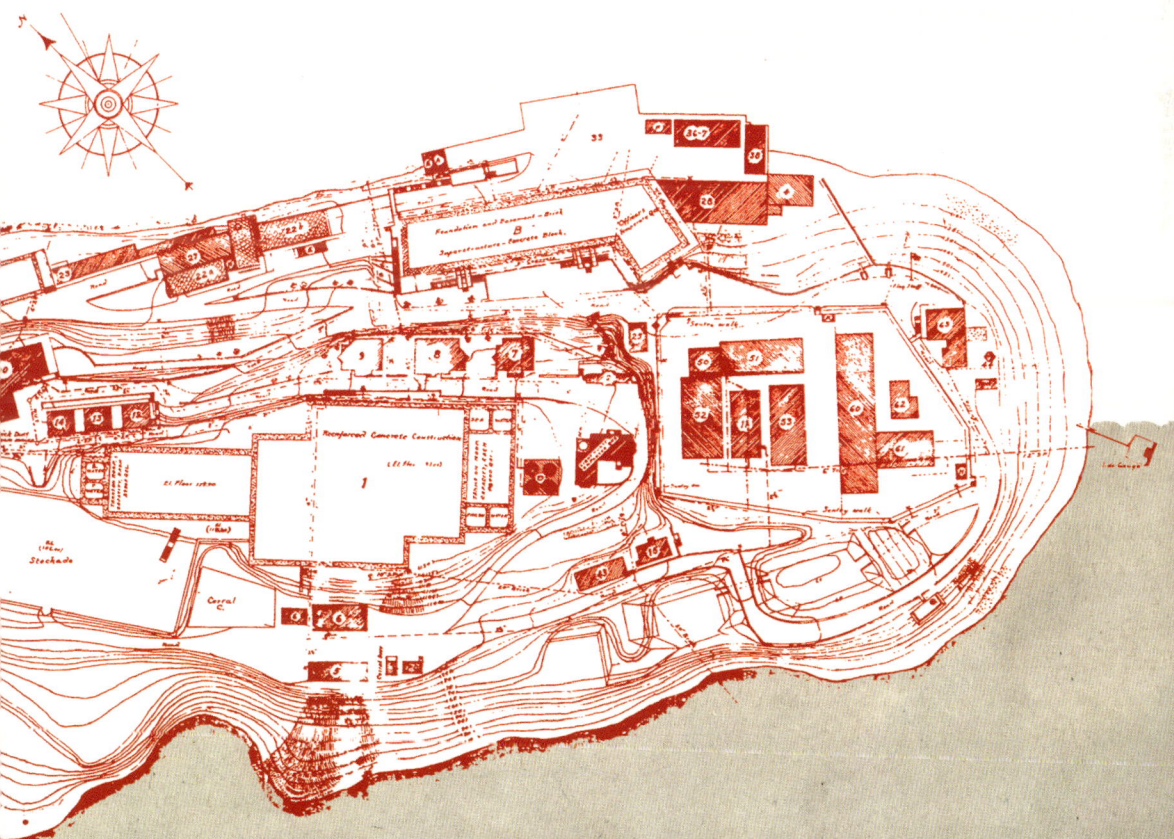

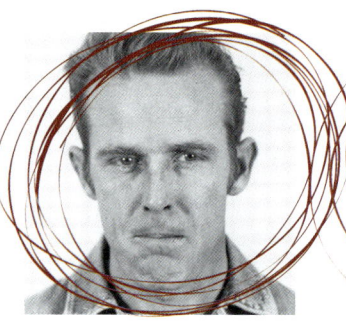

De izquierda a derecha: Clarence Anglin, John Anglin, Frank Morris y Allen West. En la página derecha: una celda de Alcatraz.

no pudo escapar a su destino: ser un joven delincuente. Empezó con 13 años y, antes de los 19, lo arrestaron en varios ocasiones por posesión de drogas y armas. Era listo (coeficiente intelectual: 133) y obstinado: escapó de la prisión de Luisiana mientras cumplía 10 años por robo a un banco, lo arrestaron un año después mientras cometía un robo y como premio lo enviaron a Alcatraz el 20 de enero de 1960. Aquí Morris es el recluso AZ1441.

La biografía de los hermanos Anglin es, *grosso modo*, intercambiable con la de Morris. Adolescentes problemáticos que acabaron como delincuentes profesionales, inquilinos de varias prisiones, de las que intentaron escapar en varias ocasiones. Resultado: fueron trasladados a Alcatraz, a ver si aprenden esta vez. John llega el 24 de octubre de 1960 (recluso AZ1476) y Clarence, el 16 de enero de 1961 (recluso AZ1485).

Nuestro cuarto hombre es Allen West y no hay nada de su vida que, hasta ahora, lo distinga mucho de sus compañeros. Había llegado a Alcatraz en 1957, tras un intento de fuga en la prisión de Florida. West (recluso AZ1335), junto a sus compañeros, traza un plan de fuga para escaparse de Alcatraz. Y ahí llega una gran diferencia.

QUEREMOS FUGARNOS DE ALCATRAZ

Desde 1934, y hasta el 11 de junio de 1962, 19 convictos habían intentado escapar de Alcatraz. Cinco fueron acribillados por las balas de los vigilantes: cuatro de ellos en el mar, mientras luchaban contra las corrientes; el cuerpo descompuesto y sin rostro de otro preso fue encontrado flotando a los 14 días de su intento, y 11 fueron arrestados por las autoridades de la prisión: tres en el agua, y ocho se escondían a los pies de los acantilados, temerosos de probar las aguas del Pacífico. Su instinto de supervivencia fue mayor que su instinto de escape: mejor una vida miserable que una muerte... fría y miserable.

A nuestros cuatro protagonistas se les asignan –craso error– cuatro celdas adyacentes. Y confabulan, cuchichean. Morris, el más sagaz, es quien siembra la idea en sus compañeros. Se puede escapar de Alcatraz... ¡Claro que se puede! Comienzan 1962 con un deseo de Año Nuevo: respirar aire fresco, quizá no tanto como el de ese peñón en medio de una bahía, pero sí más libre. Y empiezan los trabajos, que durarán seis meses. Paciencia y discreción, las dos virtudes cardinales.

Debajo de los lavabos hay unos conductos de ventilación: ensanchémoslos, salgamos por aquí. Se hacen con herramientas

Un pasillo de Alcatraz, y el enrejado de las celdas.

El hombre de Alcatraz

Quizá el prisionero más famoso de la isla, por encima incluso de Al Capone, fue Robert Stroud, el «pajarero de Alcatraz». Stroud pasó 54 años tras las rejas. En realidad, nunca tuvo pájaros en Alcatraz, ni tampoco era esa persona afable a la que dio vida Burt Lancaster en *El hombre de Alcatraz* (John Frankenheimer 1962). En 1909, lo declararon culpable de homicidio involuntario; mientras cumplía su condena en la penitenciaría de la isla McNeil, atacó brutalmente a otro recluso, así que lo trasladaron a la prisión de Leavenworth. En 1916, asesinó a un guardia de dicha cárcel: fue declarado culpable y recibió una sentencia de muerte. Su madre suplicó por su vida y en 1920, el presidente Woodrow Wilson conmutó la pena por cadena perpetua.

Fue la conducta violenta de Stroud lo que le valió pasar un tiempo en aislamiento. Durante sus 30 años en Leavenworth, desarrolló su interés por las aves y escribió dos libros sobre los canarios y sus enfermedades. Al principio, los funcionarios de la prisión permitieron que Stroud estudiara las aves porque lo consideraban un uso constructivo de su tiempo. Sin embargo, a veces hallaron artículos de contrabando escondidos en las jaulas de los pájaros, y se descubrió que el equipo que Stroud había solicitado para sus estudios «científicos» se había empleado para construir un alambique para cerveza casera. Fue trasladado a Alcatraz en 1942, donde pasó los siguientes 17 años (seis en aislamiento en el Bloque D y 11 en el hospital de la prisión). En 1959, lo llevaron al Centro Médico para Prisioneros Federales en Springfield, Missouri, donde murió el 21 de noviembre de 1963.

rudimentarias, como cucharas de metal –tan inocentes y socorridas–, hojas de sierra rescatadas de la basura, y la joya de la corona, un taladro eléctrico confeccionado con el motor de una aspiradora rota. El ruido, si lo hay, se hace cuando Morris tiene permiso para tocar su acordeón. *La música os hará libres.*

Aflojan las rejillas de ventilación de la parte posterior de sus celdas, perforan pequeños agujeros alrededor de la cubierta para que se pueda quitar toda la sección de la pared. Cuando terminan, tapan los agujeros con lo que pueden: una maleta, un pedazo de cartón, lo que sea. Fabrican –¡qué brillantes son!– cabezas de maniquí de papel maché, con toques de

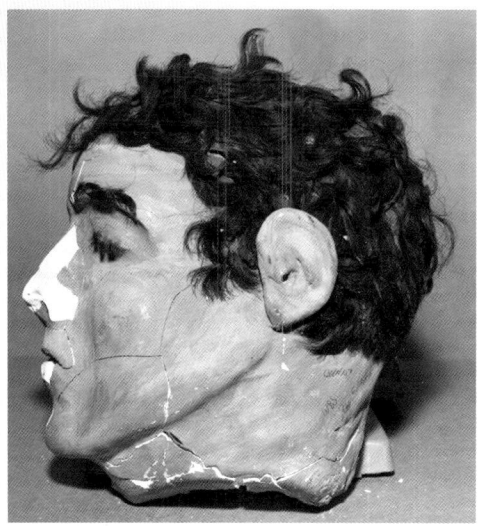 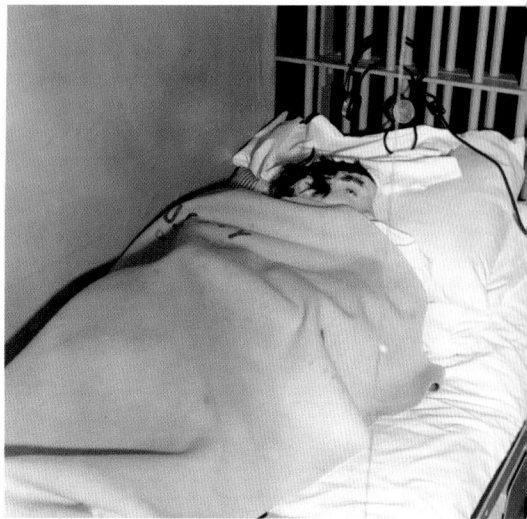

Izquierda: cabeza de papel maché de Frank Morris. Derecha: fotografía de la celda de Clarence Anglin.

jabón, pasta de dientes, polvo de cemento y papel higiénico, que pintan con el tinte de un taller y a las que ponen pelo real, recogido del suelo de la barbería. Es la necesidad la que fomenta la creatividad, mucho más que cualquier tutorial de nuestros tiempos. Necesitan ese ingenio para que no los extrañen durante los recuentos nocturnos. Con toallas y ropa apiladas bajo las mantas y las cabezas de maniquí colocadas sobre las almohadas, parecen estar durmiendo. Y es que durante algunas noches, los futuros hombres libres (¿?), preparan en un improvisado taller el material necesario para la fuga.

Detrás de la pared trasera de las celdas hay un pasillo de servicio, sin vigilancia. Desde ahí suben al piso superior, e instalan su taller, donde las noches previas a la fuga confeccionan lo que necesitan para cumplir su plan. Se turnan para vigilar a los guardias (habían construido un rudimentario periscopio con el que vigilar sus movimientos), y cosen salvavidas a base de impermeables y una balsa de goma de 1,8 x 4 m, con costuras vulcanizadas con el calor de las tuberías (las ideas las toman de la revista *Popular Mechanics*, un clásico de los manitas de la época). También construyen palas de madera y con una concertina robada a otro recluso crean un fuelle con el que inflar la balsa.

Sin lugar a dudas, somos más atrevidos y más listos que ellos, piensan. ¿Qué puede salir mal?

EL PLAN DE FUGA

Eso lo sabremos a partir de la noche del 11 de junio de 1962. A la hora acordada, se levantan de sus literas, arreglan el trampantojo de sus cabezas y se deslizan por el hueco bajo sus lavabos, que vuelven a cerrar desde el exterior. ¿Todos? No. Allen West no sale de su celda. Alega –al día siguiente, cuando se descubre el pastel– que no pudo quitar a tiempo la rejilla de ventilación, que se atascó, y que cuando llegó arriba ya no quedaba nada ni nadie, y que volvió y se acostó. Muchos no le creyeron. Pensaron que, simplemente, no confiaba en el éxito de la operación, que le entró miedo.

Nuestros tres «héroes» sí, siguen adelante. Trepan por las tuberías de los servicios públicos hasta la parte superior del bloque de celdas y acceden al techo a través de un respiradero (habían doblado previamente las barras de hierro que bloqueaban el respiradero). Bajan por un tubo de desagüe en el extremo norte del edificio y se encaminan al mar, a un punto ciego de la red de reflectores y torres de armas de la prisión. Con sus salvavidas, con su balsa, con la esperanza intacta, se lanzan al agua de la bahía.

Es lo último, a ciencia cierta, que sabemos que hacen.

Los mitos de Alcatraz

Uno de los muchos mitos sobre Alcatraz es que era imposible sobrevivir a un nado desde la isla hasta tierra firme debido a los tiburones. De hecho, no hay tiburones «devoradores de hombres» en la bahía de San Francisco, solo pequeños tiburones que se alimentan en el fondo. Los principales obstáculos eran la temperatura fría (un promedio 12°C), las fuertes corrientes y la distancia hasta la costa. Antes de la apertura de la institución federal en 1934, una adolescente nadó hasta la isla para demostrar que era posible. El gurú del *fitness* Jack LaLanne nadó una vez hasta la isla tirando de un bote de remos, y hace varios años, dos niños de 10 años también lo consiguieron.

En la actualidad, un par de triatlones con el original nombre de «Fuga de Alcatraz» tienen su salida desde la isla. Lo que antaño fue un desafío imposible, hoy es un reto asequible para hombres y mujeres sedientos de acción y libertad… deportiva.

Izquierda: estancia en la que los presos instalaron su taller. Derecha: pasillo tras la pared de las celdas.

¡ALARMA!

La mañana del 12 de junio, los guardias realizan su ronda habitual. Ya es hora de que los reclusos estén en pie, pero algunos no espabilan. Uno de ellos se enerva:

—Morris, en pie. ¡Ya!

Mete su porra entre las rejas y golpea su cabeza. Esta se desprende, cae al suelo y se rompe la nariz. La fuga ha sido descubierta. Los fugados, no.

Se pone en marcha un vasto dispositivo de búsqueda. Está en juego el nombre de la prisión más famosa del país, aunque su valoración esté, y cada año más, de capa caída. Varias agencias militares y policiales ejecutan un extenso rastreo aéreo, marítimo y terrestre durante los siguientes diez días. ¿Qué encuentran? Un remo flotando cerca de la isla Ángel; también allí, una cartera envuelta en plástico con nombres, direcciones y fotos de los amigos y familiares de los Anglin. Cerca del Golden Gate, jirones de lo que parece su balsa.

Allen West es descubierto y confiesa todo al FBI. Que él era parte del plan, que la idea era llegar a la isla Ángel, robar ropa y un automóvil y desaparecer.

Y nada más. Después, pistas sueltas. Y la leyenda.

> **"** El 21 de marzo de 1963, el célebre Fiscal General Robert F. Kennedy ordenó la clausura de la cárcel de Alcatraz. Esta fuga no fue la causa principal, pero desde luego precipitó el desenlace: ni era sostenible, ni era de máxima seguridad. **"**

LA HIPÓTESIS PRINCIPAL... O NO

La investigación oficial del FBI carece de pruebas irrefutables, pero apunta en una dirección: los fugados se ahogaron. Cuatro razonamientos principales:

- Con las fuertes corrientes y las gélidas aguas de la bahía, hay más probabilidades de morir ahogado que de sobrevivir.

- Según West, el plan era robar ropa y un coche, pero nunca se descubrió algún robo de este tipo los días posteriores a la fuga.

- Tras la fuga, se necesita una intendencia. El FBI no pudo demostrar que los fugitivos hubieran recibido ayuda. Parecía poco probable que las familias tuvieran siquiera los medios económicos para proporcionar ese apoyo.

- El FBI tuvo el caso abierto hasta el 31 de diciembre de 1979. Durante esos 17 años, no surgió ninguna prueba contundente que sugiriera que los hombres seguían con vida, ni en EE. UU. ni en el extranjero.

Sin embargo, el caso fue transferido al Servicio de Marshalls, quien lo considerará abierto al menos hasta 2030, cuando los tres desaparecidos (en concreto, los hermanos Anglin, los más jóvenes) hayan cumplido los 100 años.

Quizá entonces no les tiemble el pulso y salgan de su refugio dorado, en una playa ignota del Caribe.

LAS OTRAS HIPÓTESIS

Desde la misma fecha de la fuga han surgido pistas sobre el supuesto paradero de los convictos, unas más falsas o creíbles que otras. Rumores de avistamientos en Brasil, en Maryland, en Florida, en Georgia. Postales y cartas que llegaban a los buzones de la familias Anglin; la mayoría,

> **❝** Mucho se ha especulado sobre el paradero de los convictos fugados. Unos apuestan por que sus restos se hallan bajo la superficie del mar, ya carcomidos por los peces y el tiempo. Otros dicen que vivieron largo tiempo en Sudamérica. **❞**

burdas imitaciones, bromas pesadas, como las de quienes llamaban a otro hermano de los Anglin al teléfono y solo dejaban oír su respiración. ¿O lo decía este mismo hermano con el objetivo de ganar unos dólares en los medios? ¿Qué creer? La madre de los hermanos Anglin recibió flores, de manera anónima, todos los días de la Madre hasta su muerte en 1973. ¿Otra broma? Cuando murió, se dijo que dos mujeres muy altas, desconocidas, con mucho maquillaje, asistieron a su funeral. Algo similar sucedió en 1989, tras la muerte del padre. Quizá ocurrió algo así, y no tenía nada que ver con los fugados, o quizá eran historias demasiado bonitas, demasiado oportunas, como para no ser contadas.

En esta sucesión de historias apócrifas, nos faltan las confesiones en el lecho de muerte de quienes supuestamente ayudaron a los reos a escapar, ni siquiera quiméricos primos que habrían sobornado a los guardianes del Alcatraz. Todo por un minuto de gloria.

Los medios, sí, han aportado lo suyo con documentales que iluminaron rincones oscuros. Sí hubo un robo de un Chevrolet azul el 12 de junio y sí se descubrió una balsa en la isla Ángel, con huellas que se alejaban de ella. Se probó la viabilidad de un escape con los recursos de los presos y se consideró como «posible». La universidad de Delft (Países Bajos) concluyó en 2014 que, de haber salido sobre las 23:30, las corrientes los habrían arrastrado hasta el norte del Golden Gate, y que los restos habrían llegado a la isla Ángel. Otro documental de 2015 presentó algo parecido a unas pruebas que situaba a los Anglin en Brasil, incluso con una fotografía que un programa de inteligencia artificial determinó que aquellos hombres eran John y Clarence Anglin. ¿Quién se atreve a creerlo?

De entre lo poco cierto, tangible, se encuentra la carta que recibió el la policía de San Francisco en 2018, supuestamente escrita por John Anglin. El *escritor* afirmaba que Frank Morris había muerto en 2008 y Clarence Anglin, en 2011. Lo que pretendía con la carta era negociar su entrega a cambio de tratamiento médico para su cáncer. No se pudo determinar con total certeza su autenticidad.

EL FIN DE ALCATRAZ

Alcatraz apenas sobrevivió a la fuga. Y no precisamente por aquel escándalo: su suerte estaba echada desde tiempo atrás. El 21 de marzo de 1963, el Fiscal General Robert F. Kennedy ordenó el cierre de la instalación tras 29 años de funcionamiento. Resultaba demasiado cara para seguir funcionando: demasiado dinero para restaurarla –se caía a cachos por la humedad y el salitre– y demasiados costes operativos. El día a día de Alcatraz era casi tres veces más caro que la de cualquier otra prisión federal. Sobre todo, por el aislamiento geográfico de la isla: su principal reclamo acabó siendo su piedra en el cuello. Todo (comida, suministros, agua, combustible...) debía llegar a Alcatraz en barco. Por ejemplo, había que transportar más de tres millones de litros de agua a la isla cada semana.

Las cuentas implacables abrieron las puertas de Alcatraz, que hoy es –cómo no– una estupenda atracción turística.

Vista aérea de San Francisco, con la isla de Alcatraz al fondo a la derecha.

EL LUTE: HISTORIA DE UNA FUGA CONTINUA

DE QUINQUILLERO A DEMONIO NACIONAL

En España también hemos tenido un «enemigo público número 1». Un solo hombre al que el régimen dictatorial convirtió en un gigante monstruoso: «Que viene El Lute», se les decía a los niños para asustarlos. Sus fugas aumentaron la leyenda cimentada a su alrededor. Su ejemplar reinserción también es digna de los libros de historia.

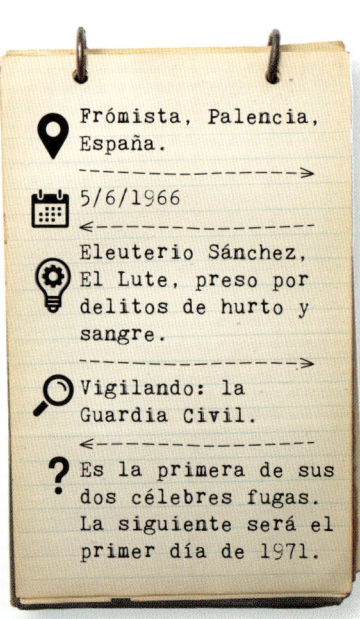

📍 Frómista, Palencia, España.
-------------------->

📅 5/6/1966
<-------------------

💡 Eleuterio Sánchez, El Lute, preso por delitos de hurto y sangre.
-------------------->

🔍 Vigilando: la Guardia Civil.
<-------------------

❓ Es la primera de sus dos célebres fugas. La siguiente será el primer día de 1971.

Eleuterio Sánchez en el cuartel de Calzada de Valdunciel, detenido tras su primera fuga.

EL BRAZO DERECHO en cabestrillo, el pómulo izquierdo herido, la mirada vertida hacia el fotógrafo, pero sin llegar a mirar a cámara, como si fuera indiferente al diafragma, que es el ojo de todos los demás. Los guardias civiles que lo escoltan, sí, miran a la cámara convencidos de la trascendencia del momento. O, por lo menos, miran como miran los personajes de los cuadros de Velázquez que interpelan al espectador, como los soldados de *La rendición de Breda*, por ejemplo. Llevan esposado al delincuente más famoso del franquismo y es probable que no se vean en otro acontecimiento así. Bravo por ellos, por su instinto histórico. Sin embargo, en Eleuterio Sánchez, el Lute, hay algo de fatalismo, de aburrimiento anticipado. De que, no tardando mucho, estará harto de las cámaras y de las miradas de los demás.

ORÍGENES DE UN MERCHERO

Eleuterio Sánchez Rodríguez, el preso –y el prófugo– más famoso del franquismo (1939-1975) en España, nace en 1942, tras la Guerra Civil Española (1936-1939). Fue en una chabola, en el barrio de Pizarrales, en Salamanca. Hoy ya está urbanizado e integrado en la ciudad, pero cuando se empezó a edificar a principios del siglo XX, las casas, si se podían denominar de esa manera, se construían sin seguir ningún concierto. De cuestiones como la salubridad, mejor no hacer preguntas. Suerte es ya que su madre, Serafina, sorda y muda, da a luz ayudada por una vecina gitana poco después de visitar a David, el padre, que estaba encarcelado. El niño Eleuterio se llamará así por imposición de su padrino, que si acepta serlo al menos quiere perpetuar su nombre.

Lo del barrio, en realidad, es lo de menos, porque su infancia va a ser itinerante, como itinerantes son los mercheros. Es otra manera de llamar a los quincalleros: los comerciantes de quincalla, de metal barato. Un oficio cuyas raíces se hunden casi a finales de la Edad Media, que comparte incluso una jerga propia, el merchero o romanó. Hoy los conocemos como chatarreros o chamarileros; el vocablo 'quinqui',

abreviatura de quinquillero, ha pasado a tener una acepción más peyorativa.

Así que Eleuterio va de pueblo en pueblo en carromato, viviendo o malviviendo en las cunetas de los caminos sin asfaltar, bien polvorientos, bien embarrados, de la España de posguerra. Recorren el oeste español –con los caballos, los carros y el polvo, se hace difícil no pensar en un *Medio Oeste* ibérico– agrupados por familias o clanes y se arreglan ollas y otros enseres cotidianos y objetos de mercería –de ahí su nombre–, trabajan de temporeros, o en lo que se pueda y se sepa.

Hay muchos niños como él. No son ni gitanos ni payos, tan solo, mercheros. Algunos, como es su caso, ven cómo su padre pasa tiempo en prisión. Él sigue recorriendo el país, incluso durante un tiempo convive con una familia de la comarca de Las Hurdes (la que retrató Luis Buñuel, en 1933, en el imborrable documental *Tierra sin pan*).

Esa vida de menudeo, de vivir al día, de engañar al hambre, esconde grandes peligros. O ni siquiera los esconde, están ahí, todos los conocen. Unos se dejan arrastrar más que otros.

La vida de los quinquilleros era nómada, al aire libre, acompañados casi siempre de caballos y perros.

66
Con apenas 19 años entró por primera vez a la
cárcel: fue la primera de las tres etapas en
prisión que le esperaban. En total, El Lute iba a
pasar unos 15 años a la sombra.
99

UN ROBO QUE ACABA EN ASESINATO

Con 19 años, sus primeras condenas. La buena, la perpetua, la sanadora: ser padre. Se había casado un año antes con un amor encontrado en los caminos (su primera esposa; vendrán otras tres más). La mala lo lleva a la cárcel en Badajoz, por robar gallinas. Dos años al *carambuco*, así se dice a la cárcel en su jerga.

Son solo dos años, pero algo ha cambiado. España va mejor, o no tan mal. Son los años 60 y empieza a pasar el hambre, se va pasando del posibilismo al consumismo. Traducido al idioma merchero, el plástico va comiendo terreno al metal. Hay menos que repartir para los mismos. Algunos deciden llegar a los arrabales de Madrid y ver qué pasa. Eleuterio, entre ellos. Vuelve al mundo de las chabolas donde nació, pero ahora hecho un hombre y con una familia que mantener. Algo no cuadra (sobre todo, las cuentas), quizá lo debería haber pensado antes. Si no hay un golpe de suerte, lo tendrá que haber de otra cosa.

Pues el 5 de mayo de 1965, lo hay, pero no de suerte, que eso es para otros. Ese mediodía roba, con otros dos compinches, una motocicleta Montesa Impala. Se dirigen –los tres sobre la sufrida máquina– hacia la calle Bravo Murillo de Madrid. Localizan una joyería (una *lamería*, en quinqui), arrojan un ladrillo, rompen el escaparate y se hacen con un puñado de joyas. Quincalla de la buena. El problema –siempre tiene que haber uno– es que la joyería tiene un vigilante, que da la voz de alarma y sale en su búsqueda. Un hecho cierto es que este hombre, de 66 años, recibe un tiro; otro es que lo mata. Lo incierto es quién dispara; sin duda, uno de los tres asaltantes, que pasan de delincuentes de poca monta a criminales de sangre.

«Las malas compañías», dirá tiempo después Eleuterio. «Yo no disparé, ni sabía que tenían armas», añadirá. Como fuere, se dan a la fuga y pasan unos días escondidos por Madrid. Pero la policía los acaba encontrando

y arrestando. En su caso, es en una cafetería de la calle Galileo, en el barrio de Argüelles. Y la cosa se complica aún más. Una bala –al parecer, de la misma policía– impacta en una niña que pasaba por allí. Muere, una tragedia de las injustas, de las que marca a propios y a extraños.

EL NACIMIENTO DE UN MITO

Detienen a los tres asaltantes. Se celebra contra ellos un juicio militar sumarísimo en apenas un mes desde el atraco y se les aplica la Ley de Bandidaje y Terrorismo. El veredicto se expresa con rotundidad: pena de muerte. Es en ese momento cuando Eleuterio se bautiza como El Lute, puesto que el caso se convierte en carne de noticieros y de la prensa.

Pasa un tiempo en los calabozos de la Dirección General de Seguridad –hoy sede de la Comunidad de Madrid–, célebre por sus intimidantes interrogatorios policiales. Tras el juicio lo trasladan a la prisión de

Carabanchel, en celdas donde apenas se puede uno levantar, las destinadas a los presos más peligrosos, los que van a ser ejecutados. Sin embargo, tanto él como sus compinches contarán con el beneplácito del indulto, ya que el Consejo de Ministros les conmutará la pena capital por una cadena de 30 años de prisión mayor, a petición de sus abogados defensores. Finalmente, Eleuterio se declara culpable para evitar la muerte por garrote vil, que habría sido sin duda su último destino.

Portadas de *El caso* y de *La gaceta regional* tras la detención de El Lute en 1966.

La suma de estos sucesos y del seguimiento de los medios de comunicación en el juicio convierten a El Lute en un personaje público. Sin embargo, aún no es leyenda. Para eso, tendrá que pasar por la cárcel.

LA PRIMERA FUGA

A Eleuterio Sánchez le aguarda una celda en el penal de El Dueso, en Santoña, Cantabria. Con tan solo 23 años, tiene su vida «asegurada»; pero en la cárcel, claro. Es un hombre analfabeto, que no sabe leer ni escribir. Solo mediante la ayuda de otros convictos puede comunicarse con su familia, gracias a las cartas que le escriben y que le leen. Esto cambiará, del todo. Pero antes tiene que volver a ocupar más titulares, y a más columnas.

Desde el primer día, hay algo claro en su cabeza (y en su espíritu de nómada merchero): escapar. Años después, lo dejará claro:

«Yo no era más valiente que el resto, pero tenía cadena perpetua y el miedo es inversamente proporcional a la condena que tienes».

Así que Eleuterio tiene entre ceja y ceja lo que ha de hacer. El quid es cuándo y cómo, el qué no ofrece dudas. El cuándo aparece el 5 de junio de 1966 y el cómo ha de ser desde un tren, puesto que ahí se encuentra, en proceso de traslado hasta la prisión provincial de Madrid. Escoltado por unos guardias civiles, que nada se temen al tenerlo esposado, pero que no cuentan con el arrojo del que nada tiene que perder. Pero El Lute pide ir al baño, sale, acompañado, al pasillo, abre una puerta y se arroja –ya lo avisábamos– en marcha. En la caída se rompe un brazo, se luxa varias vértebras verticales y se magulla todo el cuerpo, pero evita las balas de sus guardianes… y morir en el intento. El tren pasa en esos momentos a la altura de Frómista, en Palencia, y se libera de las esposas gracias a un llavín que un preso anarquista le había dado previamente.

En un principio, la prensa informa de que el preso ha muerto en su tentativa. Sin embargo, El Lute camina y camina hasta reventar, durante 170 km hasta llegar a tierras salmantinas. Serán 12 días transitando por la España campesina de la meseta norte, comiendo lo que encuentra en campos de cultivo. En ese tiempo, los periódicos cuentan la verdad, que El Lute ha escapado y ha sobrevivido, y sirven como cadena de transmisión del régimen: no ha huido un preso, sino un monstruo, un asesino despiadado. Niño, duérmete, que viene El Lute.

Días después, a las 09:30 horas, una pareja de la Guardia Civil que se encuentra en la carretera Zamora-Salamanca observa a una Vespa haciendo un giro brusco y derrapando. El conductor cae y empieza a correr campo a través. De inmediato se da la voz de alarma y se pone en marcha un dispositivo. Tras un intenso rastreo, en unas casas abandonadas, se rinde el fugado, que no opuso resistencia y se presenta a las claras: «soy El Lute».

La foto de la captura en el cuartel de Calzada de Valdunciel (hoy, un centro de salud), con el brazo en

Eleuterio Sánchez, tras su detención en junio de 1966.

> **66** Las «hazañas» de El Lute le confirieron fama más
> allá de las fronteras españolas, sobre todo a partir
> de la publicación de su autobiografía *Camina o revienta*.
> El grupo musical Boney M. incluso le dedicó una
> exitosa canción. **99**

cabestrillo, entre los dos guardias civiles que veíamos al principio de este capítulo, será portada en cualquier periódico que se precie. Pero fue más allá: retrata todo un tiempo, toda una sociedad.

La peripecia le sale por 52 años más de condena y el traslado al penal de máxima seguridad de El Puerto de Santa María. De allí, ningún preso ha conseguido escapar.

LA SEGUNDA FUGA

España es entonces un país que se enorgullece de sus toreros, de sus futbolistas, de sus cantantes. Pero El Lute ya rivaliza en popularidad con ellos, si bien para unos es un asesino repudiable y, para otros, un símbolo de lucha contra el poder. Y su fama va a ir a más.

Lleva más de tres años y medio en prisión. No ha sido un tiempo en vano: ha aprendido a leer, a escribir, incluso a cantar. Ha estudiado Derecho a distancia: es un preso responsable, estudioso, cultivado incluso, modélico. En un sistema que no se caracteriza por incidir en la reinserción, él ha conseguido encauzarse. Sin embargo, en su horizonte legal no está salir de la cárcel; pero en su fuero interno, lo lleva planeando desde hace tiempo.

Nochevieja de 1970. Eleuterio ha urdido un plan con paciencia y tenacidad. Cuenta con la complicidad de otros cuatro presos, a los que ha convencido para fugarse juntos; cuenta también con el respeto de los funcionarios de prisiones, a quienes no ha dado ningún problema todos estos años. Durante sus paseos por el patio, ha venido observando que si consigue subir al tejado de un ala del edificio, las opciones de fuga son considerables. Poco a poco, junto a sus cómplices, va robando el material necesario del taller, como una barra de hierro, un cincel y sábanas. Lo necesario para realizar un butrón con el que salir hacia la parte superior del edificio. Es un plan arriesgado, porque hay posibilidades de ser descubiertos *in fraganti* y de que los guardias disparen. Pero el aroma a libertad compensa.

Esa noche le permiten acceder a un pabellón donde celebrar junto a otros presos la llegada de 1971. La vigilancia se relaja: todo son buenos deseos, es Navidad. Y el alcohol va haciendo su trabajo. El Lute y sus socios, no, se mantienen serenos. Y, hacia la una de la madrugada, abren un agujero en aquella pared; el sonido de las carracas, de los matasuegras y de los cánticos allanan el camino. Son cuatro largas horas de trabajo hasta que se vislumbra un patio interior en el que uno de los carceleros lee un libro distraídamente. Como debe ser, piensan.

Una hora después, el grupo alcanza el tejado. Eso era, en realidad, lo más fácil. Después lanzan una soga hacia el otro lado del muro, el que hace frontera con la libertad. El primero en bajar es Eleuterio; sin embargo, la cuerda no aguanta su peso y cae unos metros, arrasando unos cuantos cristales que llaman la atención de los centinelas, que comienzan a disparar. El Lute logra llegar a la parte exterior del muro, momentáneamente a cobijo de los disparos. Está a cinco metros del suelo, calcula. ¿Puede saltar eso un hombre sin dañarse? Lo va a comprobar, no tiene miedo; le empujan decenas de años de prisión a sus espaldas.

Exterior del penal de El Puerto de Santa María (Cádiz), contiguo al antiguo monasterio de la Victoria.

Tiene relativa suerte. Se tuerce un tobillo, pero qué es eso cuando te espera una madrugada con miles de metros cuadrados disponibles. Sus compañeros, no: les esperan más años en el *carambuco*. Eleuterio, sin embargo, es el primer preso que ha escapado del penal de El Puerto de Santa María.

DOS AÑOS DE LIBERTAD

Esta vez, la fuga no va acabar como la anterior. O no tan pronto. Eleuterio consigue llegar hasta su familia, quienes lo acogen y protegen. Desde su fuga, nada se sabe a ciencia cierta sobre él. De vez en cuando, algunas personas dan fe de haberlo identificado en diferentes puntos del mapa español. Alguien dice que en junio de 1971 se presenta en el barrio de Villaverde, en Madrid, de donde se lleva a sus dos hijos; pero desaparece sin dejar rastro.

Una página de *La Vanguardia* del 3 de junio de 1973, donde se detalla la última detención de Eleuterio Sánchez.

Un año después, lo ven en Málaga, donde roba en un banco de Cartama; no lo detienen, pero hallan su refugio, donde encuentran objetos y alhajas de otros robos. Después se cree que huye a Alcalá de Guadaira, en la provincia de Sevilla, pero la policía no lo localiza. En agosto del mismo año lo buscan en la frontera vascofrancesa. A la par, al detectar las autoridades a sus hijos en Madrid, la Guardia Civil monta un dispositivo al creer que los sigue un individuo que podría ser El Lute. Pero todo son falsas alarmas.

El Lute está –también– en otras cosas. Ha conocido a Frasquita, una gitana granadina de 15 años con la que se casa en el Albaicín por el rito caló. Demasiada fiesta como para que no llegasen rumores a la

Guardia Civil, que irrumpe en la ceremonia. Demasiado ruido como para que El Lute no se oliera algo, y no desapareciese, junto con Frasquita, poco antes de esa batida. El escurridizo quinqui, como no se cansa de etiquetar la prensa, se sale de nuevo con la suya.

La huida los lleva incluso a ocultarse dos meses bajo tierra, en el colector central de Sevilla. Es allí donde, a la luz de un candil, Eleuterio comienza a dar forma a las primeras notas de su biografía, lo que algún día será *Camina o revienta*.

También es en Sevilla donde Eleuterio dará sus últimos pasos en libertad (hasta nueva orden). En la zona de Las Atalayas, en la barriada de Juan XXIII, se despliega un dispositivo de 30 hombres, vestidos de paisano. Estamos en la mañana del 2 de junio de 1973. Durante horas, ninguna patrulla policial se acerca, para conferir un aire de tranquilidad a los vecinos. La información que tienen los agentes es correcta: aparece un coche del que salen dos hombres, cuyo aspecto es compatible con el del El Lute, y su hermano, El Lolo. Los policías de paisano, con sus ropas raídas y aire distraído, se van acercando a los hermanos, hasta caer sobre ellos. Los dos portan armas de fuego. La policía da por concluida una de sus operativas más largas. La prensa los felicita: El Lute «ha dejado de

El Lute, junto a los agentes que lo detuvieron, en Sevilla.

ser un peligro para la sociedad». Ellos, los agentes que lo han detenido, se fotografían con Eleuterio Sánchez como si más que el *enemigo público número 1*, fuera un estrella del pop.

LA REDENCIÓN

El Lute acaba en el penal de Cartagena, el más pequeño del país (lo conocen como la «caja fuerte»), para ser trasladado después a la cárcel de Córdoba. Sus hermanos, Toto y Lolo, detenidos en la misma operación, pasan cinco años en prisión preventiva.

No es un tiempo perdido. Eleuterio teje una nueva leyenda en torno a su persona. Cada uno de los ocho años que va a pasar a la sombra, es un poco menos El Lute y más Eleuterio Sánchez Rodríguez. Completa los estudios en Derecho por la UNED y empieza a escribir, de manera sistemática, su biografía. Se publica en 1977, cuando España ya es una democracia y existe una mayor flexibilidad. Él, sin embargo, la escribió furtivamente, a menudo en tiras de papel higiénico que sacaba de prisión en los puños de las camisas que le permitían entregar a su familia para que se las lavasen. Supone un éxito editorial rotundo, traducido a varios idiomas, en el que Eleuterio se reivindica ante una sociedad a la que se le había repetido machaconamente que era el delincuente más peligroso del país.

Eleuterio Sánchez junto a la actriz italiana Sofía Loren, en un acto a finales de los años 70.

Eleuterio Sánchez junto al director e intérpretes de *El Lute II: mañana seré libre*, en el Festival de Cannes de 1988.

En mayo de 1978 le conceden el régimen abierto. Lo llevan a Alcalá de Henares, donde solo ha de acudir a la cárcel a pernoctar. En junio de 1981, el Consejo de Ministros aprueba concederle el indulto. Con 39 años, ha pasado 15 en prisión.

Cuando sale, es una estrella mediática en una ciudad –Madrid– tomada por la «movida» a la que le viene de lujo un personaje como él, creado por las cavernas de Franco y redimido por la cultura y la democracia. Su historia, cantada por el grupo alemán Boney M, alcanza en número 1 en Europa en el año 79, es disco de oro y le reporta casi cuatro millones de pesetas en derechos de imagen. Él mismo concibe un éxito musical; compone la letra de la canción *Quisiera*, ganadora del festival de Benidorm en 1980. Aparece con regularidad en programas de televisión, escribe para revistas, le otorgan los premios más variopintos y edita *Mañana seré libre*, el segundo tomo de su biografía. En los años ochenta se adaptan al cine ambos libros.

De enemigo público número 1, a estrella mediática: la Transición española también es el paso de El Lute a Eleuterio Sánchez. Pero, un buen día, Eleuterio deja Madrid: «Me sentía como una parodia de mí mismo». Desde entonces, vive entre Sevilla y Huelva, dando conferencias, escribiendo libros y administrando su patrimonio, mucho mayor de lo que aquel quinquillero de Salamanca podría haber esperado.

EL EXPRESO DE MEDIANOCHE DE BILLY HAYES

UNA FUGA CON MUCHOS EFECTOS SECUNDARIOS

La fuga del joven americano Billy Hayes es una de las más conocidas, merced a la película *El expreso de medianoche*. Tras su lanzamiento, la visión del mundo sobre Turquía cambió, de manera inmerecida. El propio Hayes lo reconoció. Él mismo sufrió una revolución personal: supo aprovechar la experiencia y se reconvirtió en escritor y artista.

📍 Imralı, provincia de Bursa, Turquía.

-------------->

📅 2/10/1975

<--------------

💡 Billy Hayes, preso estadounidense en una cárcel turca.

🔍 Vigilando: las aguas del mar de Mármara.

<--------------

❓ Desde su fuga, Hayes ha contado su historia en libros, cine, televisión y teatro.

¿QUÉ ES LO que hace que una escapada sea una escapa legendaria? ¿El cómo? ¿El cuándo? ¿El por qué, el dónde? Como estamos viendo en este libro, confluyen una serie de factores. Incluso, también, *lo que no fue*. Lo que se contó y no pasó. Lo que se quiso creer y no existió. La fuga de Billy Hayes de una prisión turca cumple, en buena parte, estas características. Fue una fuga arriesgada y valiente, sin duda; pero cuando el cine vino a relatarla, en una película de gran éxito, se perdió gran parte de su esencia y se convirtió en otra cosa. Turquía aún se acuerda de qué.

Resultó, en cualquier caso, una experiencia traumática, a la que, sin embargo, el mismo Hayes aún la define como «lo mejor que me pudo haber pasado». También sabe que fue lo peor, cuando estaba allí, pero eso ya pasó, solo quedan las consecuencias. Su vida cambió, y para bien. Aún sigue contando su experiencia en diferentes charlas por el mundo. Era un joven desnortado y, al escapar de la cárcel, se encontró a sí mismo.

EL JOVEN VIVIDOR

Billy Hayes (1947) es un joven estadounidense con ganas de comerse el mundo. De ponerlo en sus manos, de aplastarlo, de exprimirlo hasta sus últimas gotas. Un poco exagerado, pero él es exagerado. Fuma mucho hachís, consume ácido. Estamos a finales de los sesenta, principios de los setenta. Es un veinteañero *hippie* de manual: amor libre, viajes (lisérgicos y por el mundo), soñador, contracultural, opuesto a la guerra de Vietnam. Estudia Periodismo en la universidad de Marquette en Milwaukee y su sueño es salir al mundo y escribir sobre lo que ve: quiere ser escritor, como Allen Ginsberg, como Jack Kerouac, como William S. Borroughs, como la Generación Beat que fascina a los jóvenes como él. Aunque para Billy el mejor es Jack London, el escritor de la aventura.

Sí, viajar, ¿pero cómo? ¿Con qué dinero? Tiene un amigo que sí se lo puede permitir; siempre hay un amigo al que admiras, siempre hay un amigo al que hay que imitar, aunque sus actos sean peligrosos. Este amigo financia sus viajes de una manera particular. Viaja a Estambul y compra hachís; hachís bueno, no como el de Estados Unidos. En la universidad se lo quitan de las manos, a cualquier precio. En Estambul es baratísimo y, además, los controles en el aeropuerto son inexistentes. «Tío, puedes llevar un avestruz bajo el abrigo, y no se darán cuenta».

Dicho y hecho, Billy ahorra lo suficiente como para ir a Estambul. Nada más llegar, con su aspecto de hippie estadounidense, el taxista le cala: «Quiere que le lleve al Sultanahmet, ¿verdad?». Es el barrio donde se vende hachís, al que acuden los jóvenes extranjeros. Sin embargo, ni siquiera hace falta que compre allí nada. El propio taxista lo lleva a su casa, lo invita a comer, conoce a su familia. Le da a probar su hachís. Es excelente. Se lleva dos kilos, a 150 dólares cada kilo. Una bicoca para los estándares norteamericanos. Cuando llegue a casa, se va a hacer de oro. No le interesa el dinero en sí, sino lo que podrá hacer con él. Viajar, volver a Estambul, volver a repetir la jugada, más grande si puede ser.

Tiene una idea para salir del país. Se va a escayolar una pierna, él solo sabe cómo hacerlo. Dentro colocará el producto, a buen recaudo. Si a su aspecto de chico listo y guapo le suma una pierna rota, ¿quién se atreverá a pararlo en el aeropuerto? Ha oído que, de cuando en cuando, realizan inspecciones, pero a él no le va a pasar. Eso le sucede a otros. Él no es un narcotraficante, es un viajero que necesita recursos para vivir la vida a tope.

En el aeropuerto, registran su mochila. Bueno, eso no es tan extraño. Le preguntan qué le ha pasado; pobre chico americano con escayola, dinos la verdad. Viendo ruinas me desequilibré, caí, me rompí un hueso: mala suerte, ya ve, agente. Pero Turquía es un país maravilloso, miles de años de historia, no como nosotros los yanquis, que cuando algo tiene cien años pensamos que es una reliquia y... ¿Tiene su certificado médico, joven yanqui? No, lo tiré en algún sitio, o quizá es que no me dieron uno en el hospital, pero venga, agente, que se me escapa el avión... El corazón se le acelera, sabe que los guardias pueden oler el miedo. Cuchichean entre ellos, hablan con la compañía aérea. Lo escoltan hasta el interior del avión: le han cambiado el asiento, le han dado uno con más espacio, donde pueda estirar la pierna dañada.

Panorámica general de Estambul, con la Mezquita Azul al fondo.

> 66 Hayes quería titular su libro *Dentro de los ojos de un payaso vagabundo*. Pero su agente literario le dijo: «Mejor, ¿por qué no lo guardas para tu segundo libro?». Y juntos hallaron que la expresión carcelaria 'expreso de medianoche' sería la más adecuada y 99 comercial.

Benditos turcos, son el colmo de la amabilidad.

Crecido, ensoberbecido por su inteligencia –en el aeropuerto de Nueva York tampoco sospechan nada– se dedica a vender en pequeños paquetes la droga a sus amigos –y a los amigos de esos amigos, la voz se corre– y saca unos 5 000 dólares. Qué maravilla, el dinero fácil. Solo tiene un problema: que cuando se te acaba –y el dinero que ganas rápido, si eres joven, se va rápido– quieres más. Así que, ¿qué hay que hacer? Repetir la jugada, se dice.

Vuelve a Estambul en octubre de 1969. Ese verano lo pasó viajando por Europa, incluso corre los Sanfermines en Pamplona (una foto suya aparece en un periódico español en pleno encierro). Y lo quiere acabar a lo grande en la vieja Constantinopla. Repite taxista, su cordial hospitalidad, con suministro incluido. Esta vez no se escayolará la pierna, por si acaso. Es tan flaco que, si se pega al cuerpo los dos kilos de hachís, seguirá pareciendo delgado. Y tiene razón: nadie se da cuenta. Vuelve a casa y hace otros 5 000 dólares.

¿Quién va a querer parar esto? Él no, desde luego: mientras la música siga sonando, nadie va a parar la fiesta; y menos, él. A los seis meses, otro viaje, con la misma rutina. Bueno, al menos admite, para sí, que ya se parece a un traficante de drogas. Esa es su forma de vida. Hay riesgos, para él, para su familia –rompería el corazón a sus padres si...–, pero quién piensa en eso, cuando hay tanta diversión en juego. ¿Es más droga el hachís o el dinero? ¿Qué te causa mayor adicción, Billy?

LA FORTUNA CAMBIA

Cuarto viaje, octubre del 70. Un mes antes, la Organización para la Liberación de Palestina (OLP) había secuestrado unos aviones (los llamados «secuestros de Dawson's Field»). Aquello supuso un cambio en la seguridad aeroportuaria (al estilo de lo que sucedió, décadas después, tras el 11-S). Billy es consciente pero, como admitirá tiempo después: «Mi soberbia confianza anuló mi inteligencia».

Todo lo hace como en las tres anteriores ocasiones, su taxista es tan hospitalario como siempre. Todo va como la seda. Cuando regresa a casa, observa que hay soldados antes de embarcar al avión. Le entra cierto miedo, pero ya no hay manera de despegarse las placas de hachís del cuerpo: van bien sujetas. El primer control lo pasa sin que lo registren, al fin y al cabo es un norteamericano rubio y joven: ¿quién demonios va a creer que es un terrorista? Pero hay un segundo control al pie de las escalerillas para subir al avión. Un soldado le dice que pare. Lo cachea, de abajo a arriba. Cuando llega al pecho, a los brazos, se aterroriza. Nota esas placas. Ese soldado empieza a temblar. Billy, también. Billy teme por su futuro, el soldado, por su presente: ¿hará explotar ese terrorista sus bombas?

Cuando le levantan la camisa –apuntado por varios fusiles–, los soldados sonríen aliviados. ¡Es solo hachís! Como si fuera un pecado venial, como si fuera un niño travieso pillado *in fraganti*. Pero pillado, al fin y al cabo. Es un punto de no retorno para el joven Hayes.

Aeropuerto Atatürk, en Estambul, en la década de 1970.

DE MAL EN PEOR

No hay que ser muy listos: la vida ha cambiado para Billy Hayes. Ya es, oficialmente, un traficante de drogas. La ley turca lo castiga con cuatro años y dos meses de prisión. Lo encierran en la prisión de Sağmalcılar, en el mismo Estambul. Las cárceles turcas son duras. Poco más o menos como las norteamericanas, como la de la mayoría de los países. ¿Qué cárcel no es dura? Pero le pegan, sangra. Hay un guardián, llamado Hameed, que es especialmente sádico, con quien se las verá en numerosas ocasiones. Pero lo peor, sin duda, es escribir a su casa, decirle a su madre que lo han encarcelado, y por qué. Será el mayor dolor que recuerde de esa época, cuando se derrumbe y arrepienta.

Desde el primer momento, Hayes tiene en mente el escapar. No es nada particular suyo: en prisión todo el mundo habla de lo mismo. ¿De qué si no? Todos hablan de subirse al «expreso de medianoche». Así llaman al acto de huir del presidio. Pocos lo consiguen, claro. Durante casi cuatro años, Hayes no atisba la oportunidad. Pasan los meses, pasan los años y, cuando se acerca el fin de la condena, ya no merece la pena asumir muchos más riesgos.

Tiene un calendario. Va tachando los días. Le quedan 60, 58, 56 días para recobrar su libertad. Poco más de mes y medio: ya casi estás en casa, tus padres te echan de menos, Billy. Y algo sucede: no sabe muy bien por qué, pero le vuelven a juzgar. La condena lo deja paralizado: CADENA PERPETUA. Nosotros podemos saber por qué. En Estados Unidos, el presidente Richard Nixon ha endurecido las penas contra el narcotráfico

Vida en prisión

No solo en Turquía: los traficantes de
droga, y además los extranjeros, son los
peor considerados en la cárcel, junto
con los condenados por delitos sexuales.
Esto hizo que el trato recibido por Hayes
fuera realmente duro. Por esa razón, Hayes
intentó hacerse pasar por loco para que lo
llevaran a un psiquiátrico. Y por otra,
más práctica aún: creía que iba a resultar
más fácil escapar de allí. Actuó bien y lo
llevaron, en 1972, al Hospital Psiquiátrico
de Bakırköy. Sin embargo, descubrió que la

Hayes (segundo por la
izquierda) junto con unos
amigos en la prisión.

vida allí dentro era aún más dura que en prisión. Al igual que
la experiencia de Papillon en la Guayana Francesa.

Hayes llegó a entablar buenas amistades en la cárcel e incluso
mantuvo una relación homosexual con otro preso.

El punto más bajo de su experiencia en la cárcel lo provocó él
mismo. En un intento de escape previo, Hayes llamó a un amigo
norteamericano para que le ayudara tras la fuga: para recogerlo
en coche cuando escapase y que le proporcionase pasaportes
falsos. Su amigo acudió a la llamada, pero a los pocos días
lo encontraron muerto con una bayoneta clavada en el pecho,
en la habitación de su hotel en Estambul. No quedó claro si
fue un marido celoso o gente de los bajos fondos con los que
había entablado contactos para los pasaportes. Hayes se sintió
responsable y se le quitaron las ganas de escapar. Al menos
durante unos años.

y otros países –el efecto dominó– lo imitan. Su primera condena era por posesión de drogas; ahora la han subido a tráfico de drogas. Cadena perpetua: pudrirse en la cárcel, salvo novedad.

UNA PRISIÓN AL AIRE LIBRE

Hayes activa de nuevo el «botón de escape». Enseguida le conmutan la perpetua a 30 años de cárcel: en la práctica, para él, es lo mismo. Pero algo debe de traslucirse en su comportamiento porque, a los pocos meses, lo trasladan de cárcel. A İmralı, una de máxima seguridad situada en mitad del mar de Mármara, al sur de Estambul, a unos 27 km de la costa: el Alcatraz turco.

Una isla, eso sí, prácticamente autogestionada por los presos, en la que el mar hace de muro. Pueden moverse prácticamente por donde quieran, la naturaleza es fantástica, además. En realidad, es un paraíso en comparación con el pasado. Los reclusos reciben la visitan de barcos que les traen provisiones y ellos, en una fábrica de conservas, los enlatan. Tienen sus huertos, se ocupan de ellos. Hayes, sin embargo, sigue con el botón de escape encendido. Una cosa es que se esté mejor; otra, querer quedarse allí.

¿Cómo hacerlo? A la isla llegan, casi todos los días, barcos con diferentes tipos de provisiones y servicios. Están bien protegidos y escoltados por soldados; es una vía difícil, entre otras razones, porque es la única. Sin

Ruta que siguió Billy Hayes desde İmralı hasta la frontera con Grecia.

embargo, Hayes permanece atento por si aparece alguna falla. Un día los barcos llegan cuando el mar está revuelto. Esa borrasca se convierte en una gran tormenta y los barcos deberán pasar la noche amarrados, no es seguro salir. Nunca lo hacen, es una cárcel con presos potencialmente peligrosos, mejor estar allí poco tiempo.

Cualquiera de esos barcos tiene amarrado, a un costado, un bote de remos. Cuando Hayes ata cabos, se le ilumina un plan. ¿Y si, esta noche, aprovecha la tormenta para escapar? ¿Riesgo alto? Por supuesto, pero para situaciones desesperadas, medidas desesperadas. Así que, de madrugada, cuando todos duermen, se levanta. Se introduce en las aguas agitadas del mar de Mármara y nada hasta uno de los botes. Todo con mucho sigilo, en los barcos hay soldados que hacen guardia con fusiles. Lleva consigo un cuchillo que había robado de la fábrica de conservas tiempo atrás (quien guarda, halla). Va cortando esos cabos, muerto de miedo por si le escuchan desde el barco nodriza. Y sí, alguien abre una escotilla: parece un pescador, que hace un sonido gutural y escupe al mar. Chof. Si es solo eso, Hayes lo firma. En cuanto el cabo se suelta, el barco sale despedido hacia las rocas del muelle, pero es capaz de tomar el mando y remar hasta mar abierto.

Está libre. Aún no ha triunfado, ya veremos si llega hasta otra orilla; pero, por primera vez en cinco años, puede hacer lo que quiera.

Amerika'lı William Hayes, esrar kaçakçılığından 30 yıla mahkum olmuştu

imralı adasından

CAMINO A GRECIA, CAMINO A CASA

Está a 25 km de la orilla más cercana, pero está libre. Si escapa, escapa libre; si muere, muere libre. Es un pensamiento que le da energías; tantas que, al clarear el alba, nota que la barca encalla contra algo: es arena, es una playa, cerca de Mundanya. Es el mejor amanecer de su vida.

Ahora es el momento de ejecutar el plan trazado: volver a Estambul y, desde allí, llegar hasta la frontera con Grecia que forma el río Maritsa. Eso le lleva unos días, sin ropa adecuada, sin apenas dinero, mucha tensión. Antes, se tiñe el pelo de negro, para impedir que lo reconozcan, puesto que ya habrán dado lo voz de alarma.

Cuando, al fin, llega hasta la frontera, se tira al río y lo cruza, con la esperanza de que ninguna bala, turca o griega, lo alcance. Griegos y turcos han sido enemigos desde los tiempos de la guerra de Troya y piensa utilizar eso en su favor. Cuando ponga un pie en territorio griego, sabe que no lo devolverán. No, al menos, por un delito de drogas. Y, en efecto, cuando los soldados griegos lo detienen –ialto, manos arriba o disparamos! Hayes se tira al suelo, no asustado, sino feliz–, las autoridades lo mantienen recluido en una celda en un bosque durante 12 días. Lo interrogan hasta que quedan informados de su caso y, sobre

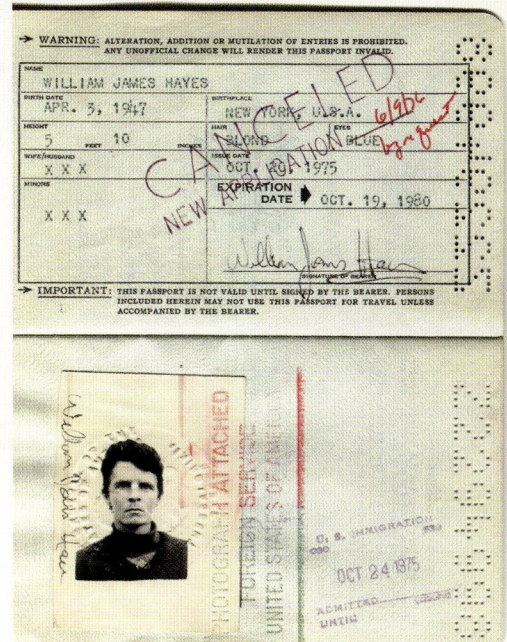

A la izquierda, una página de un diario turco que da la noticia de su fuga de la prisión de İmralı, tras cortar el amarre de una barca.
A la derecha, el pasaporte –con el pelo aún teñido de negro– que le emitió la embajada estadounidense en Atenas, con el que salió de Grecia de vuelta a su hogar.

todo, hasta que le sacan toda la información que creen que puede tener sobre los turcos. Durante esos días lee *Papillon*, el libro de Henri Charrière, con quien guarda más de una similitud. Dentro de poco, a él lo llamarán el *Papillon americano*.

Los griegos deciden expulsarlo del país, sí... Pero a Estados Unidos. El cargo oficial es que este hombre resulta una mala influencia para la juventud helena: sí, la misma condena que Sócrates (con diferente final), algo que le hará sentir, con cierta ironía, orgulloso.

Le suben a un avión en Tesalónica, rumbo a Ámsterdam. Tras unos días allí, vuela hasta Nueva York, al aeropuerto JFK. Le esperan un centenar de periodistas, y su padre.

LIBERTAD Y POLÉMICA

Cuando vuelve a su país, es una celebridad. Mejor aún: es un aspirante a escritor con una historia inmejorable. No tarda mucho en ponerse manos a la obra. En 1977 publica *El expreso de medianoche*, convirtiéndose en un éxito de ventas. El cine llega inmediatamente después (al igual que en el caso de *Papillon*): en 1978, el director Alan Parker, con guion de

En la película vemos una escena en la que Hayes mata accidentalmente a un guardia; eso jamás sucedió.

Oliver Stone, realiza una adaptación. Otro gran éxito, merecedora de seis candidaturas a los Óscar (de los cuales se lleva los de Mejor Banda Sonora y Mejor Guion Adaptado). Pero llevará adosada una polémica que se escapará de las manos de Hayes.

El expreso de medianoche (la película) se basó en el libro de Hayes, pero se tomó varias licencias para enfatizar algunos aspectos dramáticos. Hayes consideró que era una buena película y que las diferencias eran asumibles, pero la celebridad de la obra, que fue vista por millones de personas en todo el mundo, redundó en una mala imagen –pésima, en realidad– de las cárceles turcas y, por extensión, de todo el país. El turismo cayó por los suelos los años siguientes. Hizo mucho daño y Hayes se sintió responsable de ello... Y los turcos le responsabilizaron. El Gobierno emitió una orden de detención a la Interpol contra él. Eso le impidió salir de su país durante 20 años, al menos a países con tratado de extradición con Turquía.

Décadas después, y tras declarar en varios foros que la visión de la película sobre Turquía era sesgada y exagerada, la policía turca invitó a Hayes a un acto en Estambul, en junio de 2007. Allí ofreció una rueda de prensa en la que ofreció sus disculpas al pueblo otomano e invitaba a todo el mundo a disfrutar de las laberínticas calles de una ciudad que amaba.

Las licencias de la película

Hay un par de escenas en la película que cruzan ampliamente la frontera entre lo que sucedió y lo que no. En una, el personaje de Hayes mata (sin pretenderlo) al carcelero Hameed. En la realidad, este carcelero fue asesinado en una revancha, fuera de la prisión. Asimismo, en la película Hayes escapa disfrazado de guardia de seguridad, escabulléndose por una puerta. Se omitió la fuga nocturna y en barco; Hayes lo atribuye a que resultaba

Un fotograma de la película.

mucho más caro y peligroso rodar escenas nocturnas y en el agua.

Con el paso de los años, se publicaron varias entrevistas en las que Hayes criticaba el perfil «plano y unidimensional de todos los turcos que aparecen en la película». La mayoría de sus carceleros fueron correctos, trabajadores humildes que se dejaban sobornar debido a sus bajos sueldos. «No me gustó la prisión, ni los guardias, ni el sistema legal, pero eso sería igual en cualquier lugar donde te atrapen. El país y la gente me gustaron, al igual que mis tres primeros viajes a Estambul. […] Estoy más feliz de que me atraparan en Turquía que en mi país. No me gustaría haber estado en una prisión estadounidense».

UN FINAL FELIZ, O CASI

Billy Hayes sigue gozando de buena salud y, durante casi una década, ha mantenido un espectáculo en Nueva York –llevado a otras partes del mundo–, un monólogo en el que contaba su historia, que resultó un éxito: «A la gente le gustaba porque es la historia de alguien que resurge desde lo más hondo: y todos, de una manera u otra, hemos pasado por eso». Es consciente de que, sin haber sido arrestado y encarcelado, su vida habría sido otra: peor, seguramente. En la presentación de la película en el Festival de Cannes de 1978 conoció a su mujer; ha ganado y sigue ganando bastante dinero por los derechos de autor proporcionados por el libro y la película. Ha escrito otros libros, ha dirigido películas, ha actuado en otras, presenta programas de televisión. Desde su liberación practica yoga a diario, y afirma sentirse equilibrado y feliz, no reniega de su pasado, lo acepta. Es un firme defensor de la legalización del cannabis. Lo único que no mereció la pena, dice, fueron los cinco años de sufrimiento causado a sus padres.

HACIA LA LIBERTAD EN GLOBO AEROSTÁTICO

EL ESCAPE MÁS ESPECTACULAR DE LA ALEMANIA ORIENTAL

El régimen comunista de la República Democrática Alemana no permitía salir a sus ciudadanos de las fronteras tras el Telón de Acero, entre otras restricciones. En 1979, dos familias decidieron escapar de aquel ambiente agobiante fabricando un globo. Pero, ¿cómo demonios se hacía eso? ¿Merecía la pena el riesgo?

📍 Pössneck, Turingia, Alemania.
------------------->

📅 16/9/1979
<-------------------

💡 Ocho integrantes de las familias Strelzyk y Wetzel.
------------------->

🔍 Vigilando: la temible Stasi.
<-------------------

❓ Unas 200 personas murieron atravesando, tan solo, el Muro de Berlín.

EL 16 DE SEPTIEMBRE, de madrugada, lucía una bonita luna menguante en el *land* de Turingia. Hacía buen tiempo, pero las familias Strelzyk y Wetzel tiritaban de frío. ¿O era de miedo? La noche se mostraba templada para esa latitud; pero la cuestión, desde el punto de vista geográfico, era la *altitud*. Estaban a algo más de 2 000 metros sobre el suelo. Volaban en globo aerostático y la temperatura, allá arriba, era de -8 ºC. Por suerte, aquello merecía la pena: solo serían unos minutos más, y la recompensa esperaba cuando tocasen suelo.

LA OPRESIÓN DE UN ESTADO

La República Democrática Alemana (RDA) se fundó el 7 de octubre 1949, cuando la Administración Militar Soviética en Alemania dejó su parte del territorio germano ocupado tras la Segunda Guerra Mundial en manos de las autoridades nacionales comunistas. Fue disuelta, oficialmente, el 3 de octubre de 1990. Durante los primeros 12 años, se calcula que unos tres millones de sus habitantes se pasaron al lado occidental, a la República Federal Alemana.

La emigración desde la RDA no era cuestión, únicamente, de la frontera que dividía Berlín. A partir de 1952, las fronteras interiores entre la

La emigración de los ciudadanos de la RDA al otro lado del Telón de Acero suponía una auténtica fuga de cerebros, que las autoridades comunistas querían evitar.

RDA y la RFA quedaron protegidas mediante unos 1400 km de vallas y vigilantes. Se creó una zona de 5 km a la que solo podían acceder aquellos con un permiso especial; en general, los residentes en la zona. Cerca de la frontera había otros 500 m de zona prohibida y, en el mismo límite, una barrera de 10 m. Sin embargo, la frontera entre Berlín Este y Berlín Oeste seguía abierta. Era una misma ciudad, dividida artificialmente.

Berlín no constituía, tan solo, la puerta de salida para cientos de miles de alemanes: también, para muchos polacos y checos, era la antesala de Occidente. Y solían ser jóvenes bien formados, lo que significaba una amenaza a la economía de la RDA y los países tras el Telón de Acero.

El 13 de agosto de 1961, para detener esa sangría, se empezó a construir el Muro de Berlín: 43 km de hormigón que dividían la ciudad, y otros 115 de vallas y alambradas que cercaban todo el territorio de Berlín Oeste. Miles de personas lo intentaron cruzar los siguientes 28 años. La mayoría, sin éxito. Se calcula que unas 200 murieron en el intento.

¿POR QUÉ FUGARSE?

A George Mallory, el mito del alpinismo que murió en 1924 intentando escalar el Everest, le preguntaron que por qué escalaba montañas: «Porque están ahí», fue su recordada respuesta. Las fronteras existen para traspasarlas, no cabe duda. Pero cuando no es la naturaleza quien las impone, sino el propio ser humano, entonces el ahínco es doble –o triple, o cuádruple, o...–, porque resulta difícil poner puertas al campo, a la libertad, o al hambre.

Así que, pese al Muro y los cientos de kilómetros de alambradas, seguía habiendo muchos alemanes de la RDA que querían dejar su país. Es el caso de las familias Strelzyk y Wetzel de Pössneck, en Turingia. Su vida les resulta insatisfactoria: hay muchas cosas que no les gustan, se ven obligados a aceptar restricciones en muchos sentidos. No es posible, por ejemplo, viajar a otro país, excepto a algunos países del Bloque del Este. Tampoco pueden elegir con libertad su profesión, a no ser que se afilien al Partido Comunista o a organismos parecidos: entonces, vaya, el abanico se abre. La escasez de la economía del país tampoco ayuda. Pero la razón principal (como expresa el propio Günter Wetzel en su web

Günter Wetzel, Doris Strelzyk y Peter Strelzyk, en 1979, en los estudios Disney de California.

www.ballonflucht.de) es que resulta imposible
expresar la opinión públicamente, ni siquiera
en un círculo reducido, ya que no se puede
estar seguro de si aquel con quien conversas
es un informante.

Peter Strelzyk y Günter Wetzel trabajan juntos
y establecen cierta complicidad: sí logran
hablar con franqueza de la situación general,
y de las suyas propias: están cansados, no
ven salida, ni física ni mental. Pero, como en
las grandes historias, un pequeño detalle lo
cambia todo.

Günter Wetzel, junto a la
máquina de coser Gritzner de
su suegra.

La cuñada de Günter, que había abandonado la
RDA en 1958, regresa un buen día de visita. Lleva
consigo, de manera inocente –que se sepa– una revista que informa
sobre el Festival Internacional de Globos de Albuquerque (en Estados
Unidos.). Qué belleza la de esos grandes aparatos, tan coloridos, tan
libres, surcando el cielo infinito de...

Al día siguiente, Günter le cuenta su idea a Peter. Es el 7 de marzo de
1978.

Después, lo hablan con sus esposas, Petra Wetzel y Doris Strelzyk:
parece una idea razonable, aceptan. No exenta de todo riesgo, pero
factible. Ambas parejas tienen dos hijos, que deberán ir con ellos. Serán
ocho pasajeros. *Pongámonos manos a la obra.*

EL PRIMER GLOBO

Bien, la idea puede ser excelente (¿?), pero... ¿Cómo demonios se
construye un globo? Porque ni Günter ni Peter tienen experiencia ni
conocimientos. Pero la necesidad se revela aquí –como tantas otras
veces– la mejor de las maestras. Primero, estiman el volumen interno
que ha de tener el globo para poder elevar varios centenares de kilos:
$1\,800\,m^3$, piensan, a raíz de consultar un par de libros de física y de gases.

¿Y con qué material? Deciden utilizar un material de forro para
artículos de cuero que pueden conseguir en grandes cantidades. En
varias compras, eso sí, para no llamar la atención. Se hacen con un hilo
de coser cuero lo suficientemente resistente y echan mano de la vieja
Gritzner de la suegra de Wetzel, bastante antigua pero muy resistente.

El quemador lo consiguen modificando un tubo de estufa, al que aplican válvulas, boquillas y gas. Parece que funciona, y es (medianamente) seguro. La barquilla suele estar hecha de mimbre tejido o junco, porque estos materiales son ligeros, resistentes y flexibles; pero lo mejor que encuentran es una chapa plastificada de 0,8 mm de espesor. Colocan barras en las esquinas con ganchos soldados en la parte superior para sujetar las cuerdas del globo. Para las barandillas, hacen agujeros en esas barras y les pasan una cuerdas.

Habrá globos mejores, pero pocos fabricados con tanto amor.

El 28 de abril ya lo tienen listo para una primera prueba. Localizan el claro de un bosque y allí acuden una noche de luna llena. Detectan dos primeros problemas: cómo hacer llegar el aire caliente a todo el globo y cómo evitar que se fugue el aire por los poros del tejido. Un segundo intento, con el globo impregnado de material impermeable, va algo mejor, pero, de vuelta a casa, el globo se les sale del coche y se rompe en parte.

Creen que ese globo solo les puede dar problemas y lo queman, para no dejar pruebas.

El salto de Conrad Schumann

Mención aparte, dentro de las fugas de la RDA a la RFA, merece la del Conrad Schumann (1942-1998). Puede que el lector no conozca su nombre; sin embargo, resulta mucho más probable que conozca la instantánea que acompaña esta página, un icono de los tiempos de la Guerra Fría, tomada por el fotógrafo de 19 años Peter Leibing.

Nacido durante la Segunda Guerra Mundial, había demostrado ser un joven y leal trabajador de la RDA, por lo que los oficiales militares le ofrecieron un puesto de élite en la policía antidisturbios, concebida específicamente para reprimir la rebelión.

El 15 de agosto de 1961, Schumann fue enviado a la esquina de Ruppiner Strasse y Bernauer Strasse para proteger el Muro en su tercer día de construcción; entonces, era tan solo una valla de alambre con púas. Al otro lado, Leibing observaba al joven suboficial nervioso que caminaba de un lado a otro con su PPSh-41 colgado del hombro, fumando un cigarrillo tras otro. «¡Venid, venid!», coreaba la multitud de Berlín Occidental en la Bernauer Strasse. A eso de las 16 h, Schumann abandonó las dudas y saltó; Liebling estuvo atento, en aras de la posteridad.

Las autoridades de la RFA lo mandaron en un vuelo a Baviera, lo más lejos posble de la RDA. La relativa fama y la huida le pesaron. El psicólogo de la policía que entrevistó a Schumann en Berlín poco después de su fuga señaló en su informe que el soldado estaba profundamente angustiado por las consecuencias que su acto iba a traerle a él y a su familia en su país. Sabía cómo se las gastaba la Stasi, a la que las fronteras no detenían a la hora de secuestrar o asesinar a algunos refugiados.

Solo se sintió libre y a salvo cuando cayó el Muro; sin embargo, eso mismo acabó con él. Intentó volver a contactar con su familia y amigos en Sajonia, pero sufrió el rechazo de quienes lo seguían considerando un traidor, que había dejado en la estacada a los suyos. Schumann, incluso, tenía reparos a la hora de visitar a sus padres, en los que había calado aquel sentimiento de ofensa. El 20 de junio de 1998, a los 56 años y aquejado de depresión, se suicidó ahorcándose en su huerto.

> **66** El nuevo globo se confeccionará con distintas telas (de paraguas, nailon, tafetán, incluso ropa de cama) para poder comprar de poco en poco y no levantar sospechas. En la RDA, cualquiera puede denunciarlos si llaman demasiado la atención. **99**

EL SEGUNDO GLOBO

Esa primera experiencia no se toma como un fracaso, sino como una tentativa que les proporciona información para la siguiente. Deciden fabricar otro globo, más grande incluso. El proceso de cosido es agotador, el pedal de la máquina ha de ser pisado continuamente y necesitan darse relevos cada vez más cortos. A Günter se le ocurre acoplar un motor al pedal, y eso consigue aliviar la carga de trabajo. Con sus conocimientos de mecánica, también logran mejorar el proceso de inflado del globo. Desmonta el motor de su moto para fabricar un ventilador que lleve el aire hasta el interior. Hacen las pertinentes pruebas en un nuevo descampado de un bosque. Surgen nuevos problemas técnicos. Los Wetzel se desaniman.

Empiezan a pensar que es demasiado arriesgado, en la seguridad de sus hijos. Surgen fricciones entre ambas familias...

Los Wetzel deciden abortar la misión. No saldrán de la RDA, o, al menos, no lo harán en globo: en ese globo.

El 4 de julio de 1979, los Strelzyk intentan el vuelo con sus tres hijos. El intento no va bien. El globo se pierde en la niebla y la envoltura se empapa de agua. Cae demasiado pronto y aterriza en un bosque justo antes de la zona fronteriza restringida. Los Strelzyk logran regresar a Pössneck sin ser detectados, pero tienen que abandonar el globo. La policía lo descubre e inicia una intensa búsqueda, sin éxito.

Esta vez se han salvado, pero ahora la policía sabe que *alguien* trama *algo*.

Primera víctima: Peter Fechter

Es probable que la primera víctima mortal en el Muro de Berlín fuera el joven Peter Fechter (en la foto, 1944-1962), el 17 de agosto de 1962, al año de su levantamiento. Junto con un amigo, planeó escapar por una zona cercana al Checkpoint Charlie. Cuando escalaba la pared, los guardias de la Deutsche Grenzpolizei lo vieron y dispararon. Recibió un disparo en la pelvis y cayó a los pies del muro en la zona este. No fue auxiliado por los vigilantes de su país, y los soldados norteamericanos solo le arrojaron vendajes, que no pudo alcanzar. Murió desangrado horas después.

En 1972, los compositores José Luis Armenteros y Pablo Herrero escribieron una canción para el cantante español Nino Bravo, que se hizo célebre con el título de «Libre». Durante mucho tiempo, se la tomó como un sentido homenaje a Fechter. Sin embargo, años después, Pablo Herrero, admitiendo que la letra «casaba» a la perfección con el suceso, afirmó que nada tenía que ver: se compuso como canto contra la falta de libertad que auspiciaba el régimen de Francisco Franco.

El 23 de julio de 1979, Peter va a casa de Günter y le cuenta lo de su escape fallido. Este se había enterado por la prensa y había deducido que solo podían haber sido los Strelzyk. Hablan de volver a unir sus fuerzas. Se dan cuenta de que están atados los unos a los otros, que el tiempo corre en su contra, que tarde o temprano la policía encontrará algún hilo del que tirar. Y que un mal día irán a sus casas y los arrestarán, sin dar cuentas a nadie. Ni sus vecinos ni sus familias sabrán por qué los habrán encerrado. Ya sabemos cómo son las cosas con la Stasi. Y les quitarán a sus hijos.

Hay que volver a hacerlo. Mejor. Perfecto.

EL TERCER GLOBO

Afirma Günter en su web: «La pregunta para Petra y para mí ya no era si nos encontrarían, sino cuándo». El tiempo se agota, y necesitan eso, tiempo. Günter finge unos dolores estomacales y le dan dos semanas de baja. Sumadas a sus tres de vacaciones, del 27 al 16 de septiembre, son cinco semanas. Tienen que salir en ese intervalo. Como sea.

Un intento sin final feliz

El éxito de las familias Wetzel y Strelzyk generó bastante admiración y más de un imitador. El más conocido, por lo trágico, fue el caso de Winfried Freudenberg y su esposa. Él, ingeniero eléctrico, entró a trabajar en la empresa suministradora de gas de Berlín Este para perfeccionar sus conocimientos. Lo confeccionaron con láminas de polietileno.

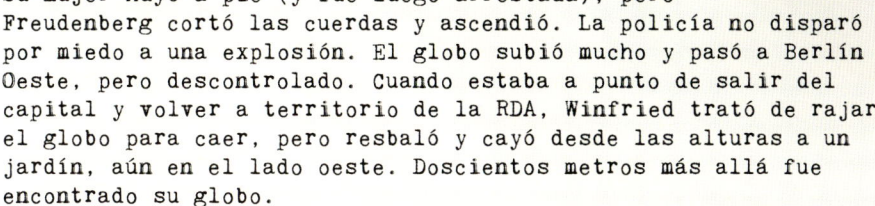

La noche del 7 al 8 de marzo de 1989 ejecutaron su plan de fuga. Cuando inflaban el globo, un transeúnte dio la voz de alarma a la policía, que se presentó cuando el artefacto aún no estaba del todo hinchado. Su mujer huyó a pie (y fue luego arrestada), pero Freudenberg cortó las cuerdas y ascendió. La policía no disparó por miedo a una explosión. El globo subió mucho y pasó a Berlín Oeste, pero descontrolado. Cuando estaba a punto de salir del capital y volver a territorio de la RDA, Winfried trató de rajar el globo para caer, pero resbaló y cayó desde las alturas a un jardín, aún en el lado oeste. Doscientos metros más allá fue encontrado su globo.

La prensa publica un anuncio de la policía pidiendo información sobre los responsables del globo abandonado. El cerco se estrecha.

El nuevo globo va a ser aún (¡aún!) más grande. Necesitan muchísima tela: de paraguas, nailon, tafetán, incluso sábanas. Pero saben que ahora es más sencillo levantar sospechas. Tienen que ir por varias tiendas de toda la RDA. Esa compra genera mucha tensión; tras cada una de ellas, puede haber un dependiente que descuelgue el teléfono para hablar con la policía; pero tampoco pueden permitirse espaciar esas compras. Se suelen hacer pasar por miembros de un club náutico, que necesitan material para sus velas.

Un día, todo parece venirse abajo. Günter y Peter salen de una tienda y arrancan su coche. Cuando se acercan a un cruce, aparece un agente de policía y les hace parar. Está claro: todo ha terminado... Ambos se miran a los ojos, saben lo que les espera: la cárcel y, lo que es peor, perder a sus hijos, quizá para siempre. El agente les hace bajar la ventanilla:

—Iban ustedes en sentido contrario por esa calle de sentido único. Que no vuelva a suceder. Son cinco marcos, por cierto.

Los pagan con gusto.

> ❝ Las condiciones climatológicas se mostraban en contra de los Wetzel y los Strelzyk. Pero, de repente, cambiaron los pronósticos. Se abrió la puerta a una intentona, que quizá podría ser la única. No habían hecho pruebas... pero el riesgo merecía la pena. ❞

EL TIEMPO APREMIA

Una vela a Penélope, a Ariadna: cosen y cosen sin descanso, y aun así van escasos de tiempo. Más circunstancias se ponen en su contra. Günter recibe una notificación del Ejército: tiene que cumplir con el servicio militar obligatorio y debe alistarse en noviembre, a más tardar. Eso quiere decir que, si escapan después de esa fecha, él no solo no podrá salir, sino que lo detendrán por cómplice.

El otro problema es el tiempo, el meteorológico. Se necesitan unas determinadas condiciones, que esos días, a mediados de septiembre, no aparecen. Hace falta viento del norte, pero no muy fuerte. Sin embargo, el pronóstico cambia de forma abrupta, y a su favor: la noche del sábado 15 al domingo 16 de septiembre se abre una ventana. Una vela a Eolo.

La oportunidad es tan calva que se aferran a ella aunque no hayan tenido tiempo siquiera para probar esta vez el globo. A medianoche, las dos familias salen furtivamente hacia un claro en los bosques entre Oberlemnitz y Heinersdorf. El Wartburg (el coche «oficial» de la época en la RDA) de los Strelzyk lleva a seis escapistas; la Java-Mustang de Günter, a él y al hijo mayor de los Strelzyk. Este ciclomotor se cala varias veces durante el viaje, como el caballo que no desea avanzar, consciente del peligro que les espera.

Pese al retraso, consiguen llegar al *embarcadero* a la 1 de la madrugada. Se quedan quietos unos minutos: el silencio es absoluto, nadie les ha seguido. Saborean unos segundos para ellos mismos (quién sabe si los últimos de sus vidas, aunque no se atrevan a pensarlo). Es un lugar precioso y la luna brilla lo justo como para iluminarlo. Pero dejémonos de lírica, esto va de mecánica de fluidos. Manos a la obra.

En menos de una hora montan e inflan el globo, de 26 m de altura. El quemador hace bastante ruido, pero logran que el globo sea más ligero que el aire. La última ancla sale disparada y golpea la frente de Peter,

1. Lugar de despegue del globo, un bosque entre Oberlemnitz y Heinersdorf. 2. Lugar de aterrizaje, en Finkenflug, cerca de Naila. 3. Así quedó el globo, al día siguiente. 4. La barquilla del globo.

que queda bañado en sangre; pero puede continuar. Son las 2:32 de la madrugada y comienzan su vuelo. Los cuatro adultos se amarran a la plataforma, mientras que sus cuatro hijos quedan en el centro de la plancha, al lado de las bombonas.

Suben a 2 000 m de altitud. El globo gira varias veces sobre su eje, con lo cual pierden cualquier tipo de orientación: pero lo importante es que el viento sopla según lo previsto. Allí arriba apenas divisan nada, el terreno es una mancha oscura, salpicado por alguna luz ocasional. Ellos se ven las caras, iluminados por el fuego del quemador. Están tensos, pero no tienen miedo. De pronto, desde un lugar muy iluminado, les alumbran unos focos que rasgan el aire a su alrededor, pero cuyos rayos no los han alcanzado. Sospechan que es el paso fronterizo de Rodolphstein, pero no están seguros. Serían buenas noticias.

Las malas, en cambio, se presentan rotundas. La llama del quemador se agota y cesa. Se han quedado sin combustible. Solo queda descender a oscuras, y cruzar los dedos. Cuando entienden que deben quedar pocos metros, enciendden un foco portátil. Ven las copas de unos árboles, que van quedando atrás. Y, de pronto, un choque desde abajo; es el suelo. Un poco de estrépito, algún revolcón, pero... están bien: chapa y pintura.

El problema ahora es asegurarse de que están en la RFA. ¿Y si aún siguen en terreno comunista? Deben seguir siendo discretos. Avanzan por el campo. Parecen parcelas pequeñas, poco habituales en la RDA, donde hay más latifundios. Hay maquinaria agrícola poco habitual, pero eso tampoco asegura nada. Los dos hombres deciden seguir solos, y que las familias aguarden escondidas. Llegan a una granja, a una calle, y aparece un coche que los deslumbra. Se bajan dos policías...

—¿Estamos en Occidente?

—Pero bueno... ¿Dónde si no?

Justo entonces, prenden el cohete de Nochevieja que portan, la señal acordada con sus mujeres: la de que todo está bien. Llegan con los niños y se abrazan.

Museo de Historia de Baviera, en Ratisbona, donde se trasladó el globo para su exhibición.

LO QUE VINO DESPUÉS

Habían aterrizado siete kilómetros detrás de la frontera, en las afueras de la pequeña ciudad de Naila, en Baviera, a solo 300 metros de una línea de alta tensión. Allí, en Naila, los acogieron con los brazos abiertos y fue la base desde donde se asentaron en la RFA. Günter se formó como mecánico y entró a trabajar en un concesionario de automóviles. Los Strelzyk abrieron una tienda de electrónica en Bad Kissingen, aunque por problemas económicos tuvieron que cerrarla en 1985, y emigraron a Suiza.

El globo se volvió a hinchar durante una exhibición aérea en Hof, en 1985.

Mientras, en la RDA, la Stasi siguió el protocolo en estos casos. Arrestaron al hermano, a la hermana y al cuñado de Peter, que se enteraron de la fuga por las noticias. Los condenaron a dos años y medio de prisión por «ayudar e incitar a la fuga de la República». Las presiones de Amnistía Internacional y otros grupos lograron liberarlos. Thomas Dietrich, el mejor amigo de Peter y antiguo compañero de trabajo, no tuvo esa suerte y continuó preso.

Sorprendentemente, en 1982 fue liberado, y obtuvo permiso para salir a la RFA, donde se reencontró con su amigo, que en agradecimiento le dio trabajo como director general de su empresa, hasta que se arruinaron en 1985. En 1990, tras la caída del Muro, los Strelzyk regresaron a su antigua casa en Pössneck. Accedieron a sus expedientes policiales, que pesaban 25 kg. En ellos leyeron que Thomas había sido liberado a cambio de trabajar como espía para la Stasi, pero como contrapartida tuvo que informar sobre «el enemigo público Strelzyk» y hacer zozobrar su negocio. Unas misiones que cumplió con escrupuloso éxito.

En 1982, Hollywood rodó *Fuga de noche*, recreación del acontecimiento, y en 2018, el cineasta alemán Michael Herbig estrenó *Viento de libertad*, una nueva versión. El globo, mientras tanto, puede contemplarse en dos museos: en el Museo del Muro del Checkpoint Charlie encontraremos su barquilla y trozos de tela, mientras que la envoltura se encuentra aún en el Museo de Historia de Baviera en Ratisbona. Günter Wetzel, con quien hemos contactado para la redacción de este capítulo, nos invita a visitarlo en su futuro emplazamiento en un nuevo museo en Naila.

LIBROS Y PELÍCULAS

CÉSAR BORGIA

La familia de los Borjas (1999), de Miguel Batllori. 📖
Los Borgia (2011-2013). Serie de TV creada por Neil Jordan. 📺

GIACOMO CASANOVA

Historia de mi vida (1798), de Giacomo Casanova. 📖
Historia de mi fuga de Los Plomos (1787), de Giacomo Casanova. 📖

LA FUGA DE VARENNES (LUIS XVI)

El camino de Varennes (1860), de Alejandro Dumas. 📖
La noche de Varennes (1982), dirigida por Ettore Scola. 🎞️

NAPOLEÓN BONAPARTE

Memorias de Napoleón, escritas por él mismo, de Napoleón Bonaparte. 📖
Napoleón: la novela (2004), de Max Gallo. 📖
Napoleón (1927), dirigida por Abel Gance. 🎞️
Napoleón (2023), dirigida por Ridley Scott. 🎞️

HENRY BOX BROWN

El ferrocarril subterráneo (2016), de Colson Whitehead. 📖
The Unboxing of Henry Brown (2003), de Jeffrey Ruggles. 📖

HENRI CHARRIÈRE

Papillon (1969), de Henri Charrière. 📖
Banco (1972), de Henri Charrière. 📖
Papillón liberé (2005), de Didier Vincent. 📖
Papillon (1973), dirigida por Franklin J. Schaffner. 🎞️
Papillon (2017), dirigida por Michael Noer. 🎞️

LA GRAN EVASIÓN

La gran evasión (1950), de Paul Brickhill. 📖
La gran evasión (1963), dirigida por John Sturges. 🎞

JOHN DILLINGER

The Dillinger Days (2017), de Paul Toland. 📖
Dillinger (1945), dirigido por Max Nosseck. 🎞
Young Dillinger (1965), dirigida por Terry O. Morse. 🎞
Dillinger è morto (1969), dirigida por Marco Ferreri. 🎞
Dillinger (1973), dirigida por John Milius. 🎞
The Lady in Red (1979), dirigida por Lewis Teague. 🎞
Dillinger and Capone (1995), dirigida por John Purdy.
Public Enemies (2009), dirigida por Michael Mann. 🎞

FUGA DE ALCATRAZ

Fuga de Alcatraz (1979), dirigida por Don Siegel. 🎞
Alcatraz. Historia de una fuga (1983). Serie de TV. 📺
El hombre de Alcatraz (1962), dirigida por John Frankenheimer. 🎞

EL LUTE

Camina o revienta (1977), de Eleuterio Sánchez. 📖
Mañana seré libre (1979), de Eleuterio Sánchez. 📖
Una pluma entre rejas (1981), de Eleuterio Sánchez. 📖
El Lute: camina o revienta (1987), dirigida por Vicente Aranda. 🎞
El Lute II: mañana seré libre (1988), dirigida por Vicente Aranda. 🎞

BILLY HAYES

El expreso de medianoche (1977), de Billy Hayes y William Hoffer. 📖
Midnight Return: Escaping Midnight Express (2013), de Billy Hayes. 📖
Midnight Return: The Story of Billy Hayes and Turkey (2016), dirigida por Sally Sussman. 📺
El expreso de medianoche (1978), dirigida por Alan Parker. 🎞

ESCAPE EN GLOBO

Fuga de noche (1981), dirigida por Delbert Mann. 🎞
Viento de libertad (2018), dirigida por Michael Herbig. 🎞

ÍNDICE

CRÉDITOS FOTOGRÁFICOS

AFP / Gettyimages: pág. 181

Altrendo Images / Shutterstock.com: pág. 71

Anastasia Bielokon/ Shutterstock.com: pág. 43, 45

Andy Sutherland / Shutterstock.com: pág. 110

Architas / Wikipedia: pág. 31

Artyart / Shutterstock.com: pág. 39

Brewer Bob / Wikipedia: pág: 207

Gianni Ferrari / Gettyimages: pág. 128, 180

Günter Wetzel: pág: 211

Ken Hively / Los Angeles Times: pág: 199

Librería del Congreso de los Estados Unidos: pág. 81, 83, 91, 93

Mark Mons: pág. 171

Maurizio Bersanelli / Shutterstock.com: pág. 33, 35

Stefano Chiacchiarini '74 / Shutterstock.com: pág. 36, 37

Stoniko / Shutterstock.com: pág. 27

Victor Albert Grigas / Wikipedia: pág 187